학업성취도를 높이는

감·동·학·습 플랜

양애경 지음

동문사

이 책을 펴내면서……

미국 대통령 버락 오바마는 '한국의 교육을 배워라'라고 말하고 있다. 그만큼 우리나라의 교육이 세계화 속에서 첨단을 달리고 있음을 입증해 주는 것이다. 21세기 정보화시대에 즈음하여 미래를 살아가는 자녀들에게 우리가 해줄 수 있는 것은 무엇일까? 그것은 예측하기 어려운 미래에 대처하는 힘을 길러주는 것이다. 흔히 전문가들은 학과시험 준비뿐만 아니라 인생시험 대처능력과 인성을 갖춘 것을 이상적인 학교라고 말하기도 한다.

그러나 진정한 의미의 좋은 학교는 우리 자녀들이 인생을 배우기 위한 여러 도전에 준비할 수 있도록 도와주는 학교가 진정한 의미의 좋은 학교라고 생각된다.

우리 자녀들이 '학습했다'라고 말하려면 학교에서 가르쳐주는 것들을 제대로 배워야 '학습했다'고 말할 수 있을 것이다. 그러면 제대로 학습을 했는지 어떻게 알 수 있을까? 여러 가지 방법이 있겠지만 쉽게 말하면 '학업성취도가 높은 학생'을 두고 학습에 성공했다고 말할 수 있다. 그렇지만 학업성취도가 단지 성적만 의미하는 것은 아니다. 학교생활에서 필요한 전반적인 인성과 지적, 정의적, 심리적 특성이 잘 갖추어져 있을 것을 말하는 것이다.

OECD 국제학업성취도(PISA) 연구에서(2006, 2008년) 미래의 성공적인 학습자의 특성을 밝히는 것에 초점을 두고 있는 것도 이를 잘 뒷받침해 주고 있다. 저자는 학생들에게 가장 필요한 것이 무엇인가에 초점을 맞추어 연구한 결과 '학업성취도'를 좌우하는 변인들이 있다는 것을 발견하였다. 그중에서 최근의 교육경향인, '감성지능, 학습동기, 학습자 스트레스 및 자기주도학습'에 보다 중점을 두어 분석하였다. 이 네 가지 변인이 학습자에게 미치는 영향이 매우 크고, 이를 향상시키고 변화시키는 과정이 성공적인 학습자가 되는 데 꼭 필요하기 때문이다.

이 책에는 학생과 학부모, 교사가 알아야 할 기본적인 이론들을 담았다. 이와 함께 감성지능을 향상시키고, 학습동기를 유발하며, 학습자 스트레스를 관리하고 자기주도학습의 방법을 깨우칠 수 있는 프로그램을 제시하였다. 아울러 학업성취도와 이 네 가지 변인과의 관계를 밝힌 저자의 박사논문 '감성지능, 학습동기, 학습자 스트레스 및 자기주도학습이 학업성취도에 미치는 영향'도 함께 수록하였다.

이 책이 초・중・고등학교 학습자들의 학업성취 향상을 위한 교수－학습 프로그램 개발과 운영에 도움이 되기를 바란다. 그리고 즐겁고 행복한 학교생활을 영위하고, 그를 바탕으로 학업성취도를 높이는 데 도움이 되는 역할을 할 수 있기를 진심으로 바란다.

마지막으로 이 책을 내는 데 큰 도움을 주신 김용래 지도교수님과 KEDI의 김홍원 박사님, 박효정 박사님, 장원동 교수님과 학교현장 사례연구를 맡아준 고윤자 선생님, 양윤이 선생님, 김혜경 선생님께 깊은 감사를 드린다. 특히 항상 믿음과 신뢰로 많은 응원과 지원을 아끼지 않은 우리 가족과 끝까지 관심을 가지고 책을 출간할 수 있게 도와주신 동문사 관계자분 들께도 깊은 감사의 마음을 전한다.

2010. 10월 우면산 기슭에서

저자 양애경

목 차

부 록

제 01 부

감·동·학·습이란 무엇인가?

학업성취도를 높이는

감성지능

학습**동**기

학습자스트레스

자기주도학**습**

1부에서는 학업성취도의 진정한 의미와 학업성취도를 좌우하는 것이 무엇인지 알기 위해서 '감·동·학·습'에 대해 설명하고자 한다. 감성지능, 학습동기, 학습자 스트레스, 자기주도 학습의 비밀을 알게 되면 자연스레 학습에 대한 흥미와 더불어 감동을 느끼게 될 것이다.

Chapter 01

무엇이 학업성취도를 좌우하는가?

'국가 수준 학업성취도 평가'는 대한민국 전역에서 학생들의 국가 수준 학업성취도 능력을 평가하기 위해 모든 학교에서 같은 시간에 같은 문제로 각 학교에서 치르는 시험을 말한다. 대한민국의 중학생 1학년을 대상으로 2008년 3월 6일에 실시되었으며, 2008년 10월 8일 초등학생 3학년을 대상으로 또다시 실시된 뒤 초등학생 6학년과 중학생 3학년 그리고 고등학생 1학년을 대상으로 2008년 10월 14일부터 2008년 10월 15일까지 실시되었다. 그리고 2008년 12월 23일 또다시 중학생 1학년과 2학년을 대상으로 실시되었다. 사교육이 강화되고 경쟁교육이 심화될 것이라는 비판과 많은 예산을 들여 실시한 결과가 표집평가만으로도 예측되는 결과라는 비판도 받고 있다. 하지만 이 책에서 다루고자 하는 것은 학업성취도가 우리 학생들의 학습 상황과 학교생활을 보여줄 수 있다는 것을 전제로, 더 나은 학습 환경을 제공하고, 질 높은 학교생활을 영위하게 하기 위해 어떤 도움을 주어야 하는가이다. 그러기 위해서 학업성취도가 무엇인지 생각해 보고자 한다.

01 | 학업성취도는 성적이 아니다

세계 주요 선진국에서는 국가 경쟁력 제고를 위하여 국가 수준에서 교육의 질을 체계적으로 관리하고 학교교육의 책무성을 강화하기 위한 정책의 일환으로 국가 수준의 학업성취도 평가 체제를 개발하여 주기적으로 평가를 실시하고 있다. 미국의 경우 '국가교육향상평가(National Assessment of Educational Progress; NAEP)'에서 학교교육에 대한 정부의 책무성을 묻고 교육 정책의 개선점을 찾고 있다(NAEP, 2006). 영국의 '국가교육과정평가(National Curriculum Assessment; NCA)'는 학생과 학부모의 학교 선택권 보장을 전제로 학교의 책무성을 밝히고 교육과정 개정과 교수·학습 개선을 위한 자료를 제공하고 있다(QCA, 2002). 호주의 경우 '국가 수준 평가 프로그램(National Assessment Programme: NAP)'에서 표본평가를 통하여 국가 수준의 기준에 비추어 각 학교의 성취 정도를 평가하고 있고, 3, 5, 7, 9학년 학생 전체를 대상으로 '국가 수준 평가 프로그램－문해력·수리력 평가(National Assessment Programme-Literacy and Numeracy: NAPLAN)'를 2008년부터 실시하고 있다(Ministerial Council on Education, Employment, Training and Youth Affair, 2008). 일본에서는 의무교육의 기회 균등과 수준 향상을 위하여 그리고 교육 및 교육정책의 성과와 과제를 검증하고 개선하기 위하여 2007년부터 초등학교(소학교) 6학년과 중학교 3학년 학생 전체를 대상으로 '전국학력·학습 상황 조사'를 실시하고 있다(文部科學省, 2007). 우리나라에서도 국가 수준에서 학교교육의 질을 점검하고 개선하기 위해 교육의 성과를 체계적으로 평가하려는 노력이 이루어졌으며, 1998년 이후 교육과학기술부(이하 교과부)의 위탁을 받아 한국교육과정평가원(이하 평가원)에서 매년 '국가 수준 학업성취도 평가'(이하 학업성취도 평가)를 시행해오고 있다.

기초학력 진단평가

교육과학기술부의 주최로 열리는 전국단위 학업성취도 평가는 '교과학습 진단평가'(초등학교 4학년~중학교 3학년), '기초학력 진단평가'(초등학교 3학년), '학업성취도 평가'(초등학교 6학년, 중학교 3학년, 고등학교 1학년)와 시·도교육청의 주최로 열리는 '학업성취도 평가'(중학교 1, 2학년)가 있다. 그중 기초학력 진단평가는 초등학교 3학년을 대상으로 학교 학습과 사회생활에 꼭 필요한 능력을 진단하는 평가로 읽기, 쓰기, 기초 수학 영역의 기초학력 도달 여부를 확인하기 위한 평가이고 평가 세부 내용은 아래와 같다.

✽ 읽기

- 내용 영역 : 한글 해독, 낱말 이해, 사실 이해, 감상 평가
- 글의 유형 : 설명, 설득, 문학, 도식
- 문제 상황 : 학습, 생활

✽ 쓰기

- 내용 영역 : 낱말 쓰기, 문장 쓰기, 쓸 내용 준비, 표현 전달
- 행동 영역 : 개념 이해, 적용
- 문제 상황 : 학습, 생활

✽ 기초 수학

- 내용 영역 : 수와 연산, 도형, 측정
- 행동 영역 : 계산, 이해, 문제 해결
- 문제 상황 : 학습, 생활

학업성취도의 학문적 정의를 살펴보면 학교교육을 통하여 습득한 지식, 기능, 지적 능력, 태도, 가치관 등 학교 학습 결과를 총칭하는 개념이다. 이종승은 학업성취도란 '학습자가 교수-학습의 과정에 참여한 결과로 나타난 지적 행동의 변화 정도'라고 정의하였고, 박영신·김의철(2004)은 '학습자 개개인이 지각하고 있는 학습에 대한 도달의 정도'라고 하였다.

또한 Newmann(1996)은 시험성적 외에 '지식을 활용할 수 있는 능력'으로 정의하였다. 여기서 말하는 참된 학업성취란 단순히 시험점수가 높다는 의미가 아니다. 학생이 학습내용에서 제기된 개념 및 사실, 지식들을 적용해 보는 탐구능력이 향상되어야 함을 강조한다.

학생들은 이러한 참된 학업성취를 통해 실제 세계에서 일어나는 문제들을 스스로 탐구하고 해결할 수 있는 능력을 기르게 되는 것이다(송경오 외, 2010).

학습의 결과는 '교사나 시험 등 학습자 본인과는 별개의 어떤 가치 기준에 의해 판단되는 교육목표의 완수 정도'를 의미하기도 한다.

물론 성적이라고 표현할 수도 있겠지만 단순히 성적이라고 하기에 '학업성취도'는 보다 다양한 의미를 함축하고 있다. 여러 가지 여건이 갖추어졌을 때 높은 학업성취도가 나타나기 때문이다. 그러기에 학업성취도에 대한 연구가 다양한 변인을 포함하면서 진행되어오고 있는 것이다. 1980년대 이후, 우리나라에서도 학업성취도에 대한 연구가 활발히 이루어졌으며, 최근에 이루어진 학업성취도 관련 연구의 변인들은 학습자와 환경에 초점을 두고 있으며 학업성취도 검사 도구로는 각 학년 말 학업성취도 결과와 표준화된 학업성취도 검사, 각 학년의 평균학점, 형성평가, 표준화 검사 등이 주로 사용되고 있다.

학습의 결과를 예측할 수 있다면 학습의 효과를 높이는 데 크게 유효할 것이다. 그렇기 때문에 학습의 결과 즉, 학업성취도에 영향을 미치는 변인들에 대한 연구가 활발히 이루어지고 있다. 학업성취도에 영향을 미치는 요인은 매우 다양하고 학자에 따라서 상이하며 선정기준도 다르다. 그러나 대부분 학자들의 의견에서 학업성취도는 광의적인 영역이 포함된 학교학습 결과의 총칭으로 학습자 개인의 능력에 의해서 결정되는 것이 아니라, 그 이외의 요인인 수업관련 변인과 학습자 개인변인, 교육을 구성하는 환경변인 등에 영향을 받고 있음을 알 수 있다.

국가 수준 학업성취도 평가

✻ 목적

- 우리나라 초·중·고등학교 해당학년 모든 학생의 학업성취 수준을 파악함으로써 보정 교육으로 연결하고자 함
- 우리나라 초·중·고등학교 학생의 교과별 학업성취 변화추이를 파악함으로써 교육과정의 교육목표 도달정도와 함께 교육과정 개선을 위한 기초자료를 제공하고자 함
- 학업성취도와 교육맥락 변인과의 관련성 분석을 통해 학업성취에 영향 주는 원인을 탐색하고 학생, 교사, 학교의 구성 요인 관계를 파악함
- 질 높은 평가도구를 개발함으로써 일선학교의 교수·학습 방법을 개선하고 평가방법을 선도하고자 함

✻ 방법

2010년 국가 수준 학업성취도 평가 계획

학 년	평가 내용	범 위	시행일	시 간
초등학교 6학년	국어, 사회, 수학, 과학, 영어 설문지	초등학교 4~6학년 1학기 과정	7.13-14	교과별 40분
중학교 3학년	국어, 사회, 수학, 과학, 영어 설문지	중학교 1~3학년 1학기 과정	7.13-14	교과별 60분
고등학교 2학년	국어, 수학, 영어 설문지	고등학교 1학년 과정	7.13	교과별 60분

- 평가 문항은 선다형과 서답형 문항으로 구성하고 모든 학생과 학교에 대한 설문조사를 병행함

✻ 결과 보고 및 활용

- 준거참조평가로서 학생에게 교과별 성취수준을 통보하도록 함(우수, 보통, 기초, 기초미달)
- 초·중등학교의 장은 2010년에 실시하는 국가 수준 학업성취도 평가결과부터, 응시현황 및 3등급 비율(보통학력 이상, 기초학력, 기초학력 미달) 공시하게 됨(교육관련 기관의 정보공개에 관한 특례법 제5조 및 동법 제3조와 부칙 3조 제2호 근거)
- 평가의 표집대상 및 전수 대상 결과를 분석하여 다양한 시사점을 제공함으로써 지역 및 국가 교육정책 수립, 단위학교에서의 교수·학습방법 개선, 진로지도 등의 자료로 활용함

국제 학업성취도 평가

✽ 목적

- 국제 학업성취도 평가는 학교교육의 결과와 그 변화 추이를 국제적인 수준에서 파악하고 비교함으로써 자국 교육의 현재 수준을 바로 알고 이를 통해 교육과정을 개선하고 적합한 교육 정책을 수립하는 데 기여하고 있다. 우리나라에서 참여하고 있는 국제 학업성취도 평가로는 수학・과학 성취도 추이변화 국제비교 연구(the Trends in International Mathematics and Science Study: TIMSS)와 OECD 학업성취도 국제비교 연구(Programme for International Student Assessment: PISA)가 있음

✽ TIMSS

- TIMSS는 국제 학업성취도 평가 협회(International Association for the Evaluation of Educational Achievement: IEA)의 주관으로 1993년부터 TIMSS 1995로 시작되었으며 국제 공통 교육과정에 근거하여 4, 8, 12학년의 수학 및 과학의 성취도와 그 변화 추이를 평가함, 현재 5주기인 TIMSS 2011을 진행 중이며 세계 60여 개국이 참여하고 있음

✽ PISA

- PISA는 1998년부터 PISA 2000으로 시작된 OECD 주관의 국제 학업성취도 평가 연구로서 만 15세 학생들의 실생활에 필요한 능력인 읽기, 수학, 과학적 소양을 평가함, 현재 4주기인 PISA 2009를 진행하고 있으며 세계 66개국이 참여하고 있음

(2010년 2월 18일 한국교육과정평가원 홈페이지 발췌)

02 | 학업성취도, 무엇이 영향을 주는가?

학업성취도는 광의적인 영역이 포함된 학교 학습 결과의 총칭이다. 학업성취도를 높이기 위해서는 학업성취도를 좌우하는 요인들에 대해 알아

야 한다. 그중에서도 이 책에서 주된 변인으로 설정한 네 가지가 있다. 그 네 가지 변인이 학업성취도와 얼마나 연관성이 있는지에 대해 알아보자.

1) 감성지능

학업성취도를 좌우하는 것 중 하나는 바로 감성지능이다. 감성지능이란 처음에는 '인생을 성공적으로 영위하는 데 중요한 영향을 미치는 정서의 질'을 설명하기 위해 사용되었다. 감성지능은 개인의 학습에서 중요한 역할을 하며, 개인의 생애에서 가장 중요한 과업 중의 하나인 사회적 적응·대처능력 및 자아실현과도 밀접한 관계가 있다. 즉, 감성지능은 효율적인 사회적 상호작용과 교실의 성공적 적응을 위해 필요한 일련의 능력이라 할 수 있으며, 이는 정서적 인지와 조절, 자기통제, 목표설정, 사회적 책임, 감정이입, 문제해결, 대인관계 등 효율적 그룹참여를 위해 필요한 기능들을 포함한다. 그러므로 이를 교수-학습 과정에 반영하여 학습자들이 성공적인 사회 구성원이 되도록 힘써야 하는 것이다.

Goleman과 Growald가 1994년에 미국의 학교교육에서 CASEL을 통한 '사회적·정서적 학습'을 강조하였고, 이러한 사회적·정서적 학습(SEL: Social Emotional Learning)은 취학 전부터 고등학교까지 교육의 한 필수분야로 운영되고 있다. 스웨덴, 이스라엘 및 영국 등 각국의 학교에서도 사회적 정서적인 학습 증진을 위한 체계적이고 집중적인 노력을 하고 있다. 감성교육이 이처럼 학교교육에서 중요시되는 만큼 학습자들의 학업성취도와는 어떠한 관계가 있는가를 분석할 필요가 있다(양애경, 2007).

CASEL(Collaborative for Academic, Social, and Emotional Learning)

CASEL은 1994년 Daniel Goleman이 설립한 비영리 단체로 사회적, 정서적 학습을 교육의 필수분야로 다루는 것을 목적으로 하고 있다. 이곳에서의 연구와 활동은 사회적, 정서적 능력을 배울 수 있도록 하여, 사회적 목표를 설정하고, 문제를 해결하며, 대인관계 능력을 향상시킬 수 있도록 돕는 데 기여하고 있다.

다양한 취미활동은 감성지능을 향상하는 데 큰 도움이 된다.

감성지능과 학교 학습과의 관계를 살펴보면, 개인의 지적 능력이 제대로 발휘될 수 있도록 하기 위해서는 개인의 정서 상태가 중요한 역할을 한다는 것이다. 상식적으로도 정서가 안정되지 않은 상태에서 학습능률이 오를 리는 없기 때문이다. 이를 학자들은 이렇게 설명하고 있다. Salovey & Mayer(1997)는 감성지능은 원만한 대인관계를 형성함에 있어서도 반드시 필요할 뿐 아니라, 개인의 학업성취와 직장에서의 성공적인 업무수행에 있어서도 매우 중요한 역할을 한다고 하였다. 긍정적 정서 상태에 있을 경우 개인의 창의적 문제해결 능력이 높아지고, 스트레스에 대한 대처능력도 증가한다는 것이다. 또한 학습 상황에서 정서의 표현과 조절 및 활용능력은 학교에서의 행동과 학업성취도 등에 영향을 미친다고 하였다. 그리고 감정이입 능력은 학교나 사회생활에 보다 잘 적응하게 한다는 결과를 보여주었다. 예를 들어 자신의 감정을 잘 이해하고 조절하는 학생은 학교생활에서 비공격적인 방법으로 행동하고 인기가 많으며, 친사회적 행동을 하여 다른 사람과 상호작용을 잘한다고 보고하였다(김용래 외,

2005). 서동식(2002)은 감성지능이 높은 학생이 낮은 학생보다 학교생활에 적응을 잘한다고 했다. 높은 감성지능으로 학교생활에 적응하여 학교생활의 결과라 할 수 있는 학업성취도를 높이는 것은 어쩌면 당연한 일이다. 그러므로 감성지능은 학교 학습에서 학습자들의 학습 성취에 중요한 변인이며, 학습자들이 자신과 일에 대한 신념을 긍정적이고 적극적으로 고취시켜 감성지능을 높이는 데 힘써야 한다. 그리고 가정과 학교는 이를 돕는 데 적극적이어야 할 것이다.

2) 학습동기

감성지능이 높은 학습자가 학업성취도가 낮다면 학습동기에 대해 생각해 볼 필요가 있다. 공부하고자 하는 욕구와 공부에 대한 필요성을 느끼지 못했기 때문에 학업성취도가 낮을 수 있기 때문이다.

학습과 관련된 다양한 활동은 학습동기를 유발시키는 데 큰 도움이 된다. 사진은 로봇 로켓부에서 활동하는 모습.

학습동기에 대해 알기 전에 우선 '동기'에 대해 알아야 할 필요가 있다. '동기'란 시발행동 요소들 가운데 대표적인 개념으로 개인의 활력소가 되는 개념이다. 또한 '동기'란 개인의 행동을 낳고 행동의 방향을 결정하며, 행동의 수준이나 강도를 결정하는 내적 상태를 말한다. 이것은 '동기유발', '동기환기', '동기부여'라고도 하며 개인의 행동 수준이나 정도를 결정하는 중요한 역할을 한다. 학습과 관련하여 동기는 학습자들의 제반 학습활동을 촉진시켜주는 동시에 학습 의욕을 환기시켜주기 때문에 '학습동기(learning motivation)'라고 부른다(양애경, 2007). 학습동기는 학습자로 하여금 어떠한 학습 목표를 향하여 학습 행동을 하게 하는 학습자의 모든 심리적인 상태를 말한다. 즉 학습현장에서 학습자들로 하여금 어떤 학습 내용에 대해 배우고자 하는 학습 의욕을 가지고 학습활동을 전개하는 모든 심리적인 자세를 말하는 것이다. 따라서 학습동기란 학습 과정에 있어서 가장 핵심적인 요인으로 절대적으로 필요한 기본요인이라 할 수 있다. 다시 말하면 학습에 대한 의욕, 태도, 목적의식, 의지의 정도 등을 의미하는 것이다. 이러한 학습동기는 일반적 특성과 상황 특유의 상태로 개념화할 수 있는데, 학습동기의 일반적 특성은 '학습은 흥미로운 것이며 만족할 만한 것'이고, 상황 특유의 상태란 '과제를 이해하고 증진시키기 위해 지속적으로 노력하는 것'이다. 학교교육에서 학습자가 기대감을 갖게 되면 동기는 유발되고 확립되었다고 볼 수 있다. 여기서 기대란 개인이 어떤 목표를 성취했을 때 얻은 보상을 예상하는 것이며, 그 기대가 생겼을 때 학습자의 학습동기가 유발되기 때문이다.

학습동기에 관한 연구는 학습에 의지와 신념을 가지고 자신의 환경을 스스로 선택·통제하며, 자신에게 맞는 학습 환경을 창조할 수 있는 자율적이고 능동적인 존재로서의 학습자에 초점을 맞추는 것으로 시작되었다. Deci and Ryan(1985)은 학습동기 중에서도 행동에의 자율성과 자신에 대한 유능감, 지각, 그리고 목표 행동과 자신과의 관련성으로 구성된 자기결정성의 정도가 강할수록 내재적 동기에 가깝다고 전제하였다(신희경, 2006). 김주환 외(2006)는 자기결정을 요인으로 하는 내재적 동기가 학업성취 수준에 많은 영향을 미치고 있음을 제시하였다. 이밖에 김재근(2004), 유효현(2005) 외 여러 연구들이 흥미로 측정된 내재적 동기가 학업성취도를 설명할 수 있는 변인임을 밝히고 있다. 여기서 내재적 동기란 학습자의 내적 변인으로 호기심, 흥미, 탐색 등을 말하고, 외재적 동기는 보상, 체벌 등이라고 말할 수 있다. 학습은 자기활동의 과정이므로 학습자가 학습과제에 대하여 흥미를 느끼고, 그것을 자기의 것으로 만들려는 의지가 전제되어야 하므로 어떤 외적 보상에 의해 유발된 학습동기보다는 학습자의 호기심, 흥미, 탐색 등의 내적 요인에 의해 유발된 학습동기가 더 중요하다고 하겠다. 즉 내적 요인에 의해 유발된 학습은 학습과제와 관련된 새로운 지식이나 기능을 획득하기 위한 노력의 강도를 높여주게 되므로 학습의 중요한 역할을 한다(양애경, 2007).

위에서 설명한 대로 학습동기는 학교수업 상황에서 효과적인 학교 학습을 할 수 있는 결정적인 관련변인이며, 학업성취도에 중요한 영향을 미친다고 볼 수 있다.

학습동기	
외재적 동기	보상, 체벌, 다른 사람의 시선
내재적 동기	호기심, 흥미, 탐색, 유능감, 지각, 자기결정

3) 학습자 스트레스

학업성취도에 영향을 주는 다른 하나로는 학습자 스트레스를 들 수 있다. 불안으로 인하여 시험을 잘 치르지 못한다거나 지나치게 흥분하여 중요한 사항을 누락한 채 일을 진행하는 경우이다. 학교수업에 적응하지 못하는 학습자들은 부적응 행동을 일으켜

다양한 특기적성 프로그램으로 스트레스를 해소할 수 있다.

결국 만족하지 못하는 학업성취도를 얻게 된다. 이러한 문제를 해결하기 위해서는 수업상황에서 일어나는 일들을 바르게 수용하고 자신의 요구를 적절하게 조절하며, 다양한 스트레스에 적절히 대처하도록 지도하면 높은 학업성취도를 얻을 수 있을 것이다.

그리고 학습자 스트레스와 학교 학습과의 관계를 살펴보면 학습자들은 가정, 학교, 사회 등의 세 차원에서 다양한 스트레스를 조절, 동화, 대처하며 성장 발달하고 있는 것을 알 수 있다. 특히 학교는 그들의 생활 그 자체의 공간이므로 가정 못지않게 중요한 의미를 지니고 있다. 스트레스 대처 행동은 스트레스 요인으로부터 피해를 최소화하기 위해 개인의 행하는 노력으로 스트레스를 어떻게 대처하느냐에 따라 부정적인 결과를 가져올 수도 있고, 성장의 촉진요인이 되기도 한다. 학습자가 학교에서 대인관계나 학교의 여러 규칙과 질서를 준수하고 적절하고 조화로운 관계를 유지하며, 학습자 자신도 만족한 생활을 한다면 학교생활에 바르게 적응하고 있는 것이다. 또한 각종 학교 행사, 시설물의 활용, 준비물의 지참, 교내 홍보 게시물의 확인, 학교생활 전반에 일어나는 일들을 올바르게 파악하는 것은 그들의 학교 학습 적응에 중요한 영향을 미친다. 그러나 학교생활에서 스트레스(좌절, 긴장, 불안, 불만족) 같은 부정적 정서를 경험한다면 학교 규범으로부터 이탈 행동을 하거나 욕구불만의 지속으로 부적응 행동을 초래할 우려가 있다. 그만큼 학교생활 속에 다양한 변화와 도전, 그리고, 정서가 포함되어 있는 동안 스트레스는 항상 존재하게 되므로, 건강한 정신을 유지하고 성공적인 학교생활을 위해서는 스트레스에 대한 이해와 적절한 대처 방법이 강구되어야 할 것이다. 따라서 학교수업 상황에서 학습자의 스트레스 대처 여부는 학습자의 긍정적인 학교 학습을 결정하는 중요한 관련변인이며, 그들의 학업성취에 긍정적인 영향을 미친다고 볼 수 있다.

4) 자기주도학습

자기주도학습은 타인주도학습에 비해 학습자의 동기를 유발하고 자기능력 수준에 맞도록 학습 진도를 조절할 수 있어, 학업성취에 효과적이라는 관점에서 그 중요성이 강조되고 있다. 학습자가 스스로 학습 계획을 세우고 이를 실천하며 자신이 수행한 공부 결과를 평가해 보는, 자기주도적 특성을 어떻게 갖게 할 것인가가 중요한 교육적 이슈로 대두되고 있는 것이다. 2003년 OECD 국제학업성취도 연구(PISA) 자료를 보면 우리나라 학습자들은 다른 OECD 국가의 학습자들에 비하여 자기주도학습 태도가 상대적으로 낮은 것으로 나타났다. 자기주도학습과 학업성취도 간에는 매우 밀접한 관계가 있음이 보고되고 있으므로 이는 시사하는 바가 크다. 또한 자기주도학습은 학업성취도에 영향을 미치는 중요 요인으로서뿐만 아니라, 학습이나 생활 속에서 적극적으로 자신에게 주어진 과제나 문제를 해결해 가는 능력 또는 태도라는 측면에서 그 자체로서도 중요한 교육의 목표가 되는 요인이라 할 수 있다(양애경, 2007).

자기주도학습과 학교 학습과의 관계를 살펴보면 자기주도학습은 스스로의 통제와 관리에 의한 메타 인지적 행동과정으로 학습자가 자신의 학습에 자기주도적으로 참여하고 계획하고 실천하는 선택, 결정 등을 할 수 있는 자기관리 능력을 말한다(허남진, 2004). 학교 학습과 관련하여 자기주도학습은 어떤 특정한 학습 내용보다 학습자가 학습 방법을 계획하고 실행하며 학업성취 결과를 평가하는 책임을 지는 것으로 탐색의 과정이나 방법에 초점을 두고 있다. 이는 학습자에게 자기 발달의 기회를 주어 스스로 자신의 발달을 이끌어 나아가는 데 올바른 결정을 하도록 하는 특성을 지니고 있다. 즉 자기주도학습은 학습자가 자신이 스스로 학습을 실행하고 평가하며 학습의 책임을 지는 것이다. 양명희와 황정규(2002)는 학습자들이 자기주도적 학습능력이 학업성취에 영향력을 행사할 뿐만 아니라, 학습자들의 정의적 특성과도 밀접한 관련을 맺고 있음을 보고하였다. 따라서 자기주도학습이 학업성취도에 긍정적인 영향을 미친다고 볼 수 있다.

이렇게 감성지능, 학습동기, 학습자 스트레스, 자기주도학습은 학업성취도를 좌우할 만큼 중요한 영향을 미치며, 학업성취도와의 관계를 밝힐 필요가 있다. 이제 앞으로 설명될 이 네 가지 변인이 학업성취도에 어떠한 영향을 미치는지, 학업성취도를 높이려면 어떻게 해야 하는지에 대해 살펴보고자 한다.

국제학업성취도 평가(PISA; Programme for International Student Assessment)

경제협력개발기구(OECD) 본부 주도로 회원국을 포함한 세계 각국이 공동으로 실시하는 '학업성취도 국제비교 연구'. 대상은 의무교육의 종료시점에 있는 만 15세 학생들이다. 읽기, 수학, 과학 영역의 성취 수준을 평가하는데, 학교에서 배운 지식을 측정하는 것이 아니라 사회에 나가 성인으로서 생산적인 역할을 할 준비가 돼 있는가를 측정한다. 이 연구의 목적은 각국 교육의 성과를 점검하고, 학업성취 배경요인을 밝혀내어 교육정책 수립의 기초 자료를 제공하는 것이다.

Chapter 02

감성지능, 학업성취도를 올리는 초석!

학생들 가운데에는 감성적인 안정감을 갖지 못하고 사회에 또는 타인에 대하여 반항하고 공격하여 사회적인 물의를 일으키는가 하면, 자신을 자학하고 비관하며 친구조차 만나지 않으려는 학생들도 있다. 학급에서 감성이 불안정한 학생 대부분은 학업에 흥미가 없고 동기화가 거의 되어 있지 않았다. 그로 인해 다른 친구들 사이에서 고립되고 따돌림을 받으며 이러한 과정은 다시 학생의 감성을 불안정하게 만든다. 또한 부모나 교사의 잔소리와 꾸중, 체벌 등은 정서 불안정 학생의 감성을 안정시키는 것이 아니라 더욱 심각하게 만든다. 반면, 감성지능이 높은 학생은 심리적으로 안정되고 쾌활하며 사회적으로 걱정이나 두려움에 집착하지 않고 타인을 배려할 줄 알며 감성표현을 적절히 하여 자신과 타인을 편안하게 하고 사람들과 잘 어울리는 특성이 있다. 감성지능은 자신과 타인의 감정을 인지하고 감정을 다스릴 줄 아는 통제 능력, 감정이입 능력을 포함하고 있어 사회생활에 잘 적응하게 하는 능력(문용린, 1997)이기 때문이다. Laura(1998)는 감성지능이란 자신의 감성상태를 긍정적이고 유쾌해지도록 의도적으로 정정함으로써 과제를 효율적으로 수행하는 능력이라고도 하였다.

01 | 도대체 '감성지능'이 뭐기에?

감성지능(Emotional Intelligence : EI)이란 개인이 자신과 타인의 정서를 이해하는 능력, 정서를 구별하는 능력 및 정서적 정보를 통하여 사고와 행동을 조절하는 능력이며(Salovey & Mayer, 1990), 개인 자신의 정서이해 능력, 정서조절 능력, 정서를 통한 자기 동기화 능력, 타인 정서이해 능력 및 대인관계조절 능력이다(Goleman, 1995). 일반적으로 널리 알려진 '감성지능'이라고 사용되고 있는 이 용어는 1990년 심리학자인 Salovey와 Mayer에 의해서 처음 사용되었다. Salovey와 Mayer는 감성지능이란 '자신과 타인의 감성을 이행하고 구별하는 능력과 감성적 정보를 통하여 사고와 행동을 조절하는 능력'이라고 정의하였다. 이러한 감성지능의 요소는 ① 자신이 경험하는 정서를 인식하는 능력, ② 타인이 경험하는 정서를 인식하는 능력, ③ 정서를 활용하는 능력, ④ 자신의 정서를 조절하는 능력, ⑤ 타인의 정서를 조절하는 능력 등이다.

감성지능 개념 출현 배경을 Mayer(2001)의 견해를 중심으로 살펴보면 다음과 같다. 1900년~1970년에 이르기까지 지능의 개념은 지나칠 정도로 인지적인 것이 한정되어 있었다. 그 후 1970년~1989년, 20년 동안은 감성지능의 선구적 시기라고 할 수 있는데 인지적 영역과 정의적 영역에서 정서와 사고가 어떻게 상호작용 하는가를 탐색하기 시작한 것이다. 이 시기에 Gardner의 다중지능에 대한 새로운 이론이 등장하여 '개인 내적 지능'을 제시하였으며, 사회적 지능에 관한 경험적 연구는 사회적 지능, 감정이입, 사회 친화적 태도, 사회적 불안 및 감수성, 민감성으로 구분되는 것이 발견되었다. 두뇌연구에 있어서는 감성과 인지 간의 관계를 분리해서 연구되기 시작했다. 1990~1993년에는 4년 동안 Salovey와 Mayer가 감성지능에 관해서 연속해서 논문을 발표하였다. '*Intelligence*'란 전문지에서도 실제적인 '지능'으로서 감성지능의 존재를 거론하면서 감성지능의 기반을 더욱 공고히 하였다.

감성지능은 1995년에 Goleman이 '*Emotional Intelligence*'란 인기 있는 책을 출판하여 전 세계적으로 베스트셀러가 되면서 널리 보급되게 되었다. *Time magazine*(Gibbs, 1995)은 그 표지에 'EQ'라고 밝혔으며, 성격척도는 감성지능이란 이름으로 개발되었다. 이것으로 인해 대중적인 관심을 얻게 되었고, 그해 미국의 ADS(American Dialect Society)에서 한 해 동안 가장 유용했던 새로운 용어로 선정되기도 하였다. 특히 Salovey와 Mayer의 감성지능에 대한 당시의 견해는 감성지능이란 '개인 자신과 타인의 정서를 정확하게 평가하고, 정서를 표현하며, 삶을 향상시킬 수 있도록 정서를 적절히 조절할 수 있는 정서적 정보처리의 형태'라고 밝혔다(Mayer, 2001). 그리고 감성지능은 인기 절정기에 있는 동안 감성지능의 개념규정이 많이 변화되었다. 특히 동기화(자신을 동기화하는 것)와 일반적으로 말하는 사회적 관계로 전환되었다.

그 후 지속적으로 감성지능의 개념과 이론들이 많이 보완되고 정교화되었으며, 오늘날 감성지능을 측정할 수 있는 새로운 도구가 개발되어 깊이 있는 연구도 진행되고 있다. 이를테면 Bar-On(2001)이 '*Emotional Intelligence and self-actualization*'에서 제시한 감성지능 모형을 중심으로 살펴보면, 측정의 입장에서 감성지능이란 '일상생활에서 오는 요구들을 대처하기에 도움이 되는 정서적, 개인적, 사회적 능력과 관련된 다중요인의 결합이다'라고 개념규정을 하고 있다. 또한 Bar-On의 감성지능 모형은, 이들 10가지 감성지능 요인 구성요소에 추가해서, '지능적 행동'을 정서적, 사회적으로 촉진시켜주는 5가지 촉진요인을 포함시켰다. 이것은 낙관주의, 자기실현, 행복감, 독립성, 사회적 책임 등이다. 앞에서 밝힌 바와 같이 Bar-On(1997)은 이러한 정서적, 사회적으로 지적 행동의 결정요인과 촉진요인을 측정할 수 있는 「Bar-On Emotional Quotient Inventory(EQ-i)」를 개발하였다.

Emotional Quotient Inventory(EQ-i)

Bar-On에 의해 소개된 「EQ-i」는 Goleman이나 Mayer 및 Salovey와 달리 비인지적 특성을 갖는 감성지능척도로 평가되고 있다. 인지적, 정신적 능력을 측정하기보다 인성적, 성격적 특성을 진단하는 것이다. 5단계 평정척도식이며 5개 요인에 15개의 하위요인으로 되어 있다. 15개 요인은 자기감정 인식, 자기주장, 독립성, 자기 긍정, 자기실현, 공감, 사회적 책임, 대인관계, 문제해결, 현실검증, 융통성, 스트레스 인내력, 충동조절, 행복, 낙관주의이다.

최근에 감성지능이 많은 관심을 얻게 된 배경을 살펴보면 다음과 같다. 그동안 인류가 지속적으로 관심을 두었던 주제는 인간문제의 해결이 아니라 기술문제의 해결에 치우쳐 왔다. 이로 인해 비인간화, 인간성 상실 등의 문제가 야기되었다면 감성지능 연구를 통해 '인간이 무엇을 느끼고 무엇을 생각하는가', 즉, 인간문제 해결의 해답을 찾을 수 있는 것이다. 이로 인해 감성지능이 대중적 관심을 얻게 되었다고 할 수 있다. Salovey와 Mayer(1990), Goleman(1995) 등 감성지능 연구자들은 IQ나 교과학습 능력이 높은 사람보다 감성지능이 높은 사람이 더 성공적인 삶을 살 수 있으며, 행복이나 삶의 질을 훨씬 더 잘 설명할 수 있다고 보고하였다. 이와 함께 감성지능은 유전에 의한 것이 아니라 학습을 통해서 증진될 수 있다는 점을 강조하였다. 따라서 감성지능에 대한 흥미뿐 아니라 감성교육에 대한 관심이 높아졌다.

위에서 살펴본 '감성지능' 개념화의 기반은 최근 여러 서적, 잡지, 학술지를 통해서 매우 큰 주목을 받았다. Goleman(1995)은 예를 들어 '당신은 지금 매우 피곤해 보인다. 그 이유는 무엇이지?'라는 질문에 대해 '내가 휴식을 갖지 못했기 때문이다'라고 답하기보다는 '그동안 나는 너무 바빴기 때문이다'라고 긍정적으로 사고하는 바, 개인의 EQ가 높다는 식이다. 그러나 '감성지능'에 대한 개념 정의와 측정을 위한 척도개발에 있어 연구자들마다 다소의 차이를 보인다. 이러한 다양한 견해는 향후의 감성지능에 대한 연구의 수행을 필요로 한다.

또한 감성지능의 논의에서 감정에 대한 사고가 배제되었다는 점을 고려하여 Salovey와 Mayer(1997)는 감성지능을 '감정을 정확하게 지각해서, 이것을 평가하고 표현할 수 있는 능력, 감정을 생성하거나 활용해서 사고를 촉진시킬 수 있는 능력, 감정과 그 정보를 활용할 수 있는 능력, 그리고 정서와 인지발달을 촉진하는 감정을 조절할 수 있는 능력'으로 재개념화하였다.

그리고 최근 연구에서 김용래 외(2002)은 감성지능을 '개인이 지닌 자신에 대한 정확한 지각과 자신의 정서이해를 통하여 정서를 통제/조절하고, 구조적으로 정서를 나타내며, 감정과 사고를 타당화해서 주어진 상황 내에서 이 감정과 사고를 적응시키고 감정이입은 물론 개인적인 문제와 대인간의 문제를 원만하게 해결하며, 만족스럽고 긍정적인 시각으로 삶을 조망하고 개인 자신은 사회의 부분임을 인식하면서 스스로를 신뢰하며 자신의 목표를 성취할 수 있는 능력의 정도'로 개념화하였다. 감성지능은 '개인이 지닌 정서표현 능력, 정서이해 능력, 감정이입 능력, 정서대인관계형성 능력, 정서독립 능력, 정서융통 능력 및 정서조절 능력 등의 정도'로 개념화할 수 있다(김태은, 2003).

이상과 같은 감성지능에 상대적인 개념은 낮은 정서지능으로서 Alexithymia

감성지능은 여러 활동을 통해, 사람들과의 관계를 통해 향상될 수 있다.

(감정을 구분하지 못하고 타인의 감정과 정서를 설명하기 곤란하며, 자신에 대한 부정적인 느낌, 자신을 존경하고 수용하지 못함. 또한 타인들과의 감정이입을 잘못함)로 지적할 수 있다. 특히 대인관계 기술이 부족하여 학교나 직장에서의 인간관계에 어려움을 겪거나 개인 내적 지능이 낮아 자신의 감정을 이해하고 조절하지 못해 후속 행동을 하지 못하는 경우를 두고 말한다. 또한 다음 행동의 대처가 미숙하여 결과를 망쳐 놓는 경우를 두고 그렇게 말한다. 또 자기감정을 표현하는 데 어려움을 가졌을 경우에도 '정서지능이 낮다'고 할 수 있다.

감성지능 교육은 자신이나 타인의 감정을 다스려 감정을 이해, 조절, 활용하는 행동을 이끌어 내는 것이다. 인간의 감성이나 정서를 숫자라는 범주에 맞추려 한다는 반발도 있지만 단편적 지식으로 인간을 평가하기보다는 정서나 감성을 반영하는 풍토가 바람직하고 감성지능 향상을 위한 학교교육이 나아가야 할 방향 등 시사하는 바가 크다(허남진, 2004).

이런 여러 개념 정의를 바탕으로 이 책에서는 감성지능을 '개인이 지닌 자신에 대한 정확한 지각과 자신의 정서이해를 통해서 정서를 통제/조절하고, 구조적으로 정서를 표현하며, 자신의 감정과 사고를 타당화해서 주어진 상황에 그 감정과 사고를 적응시키고, 감정이입은 물론 개인적 및 대인 간의 문제를 원만하게 해결하는 한편, 만족스럽고 긍정적인 시각으로 삶을 바라보고, 자신은 사회의 부분임을 인식하면서 스스로를 신뢰하고 자신의 목표를 실현할 수 있는 능력'이라고 개념화한 김용래・김태은(2002)의 견해를 수용하여 학습자들의 감성지능과 학업성취도 간의 관계를 분석하였다.

Mayer와 Salovey의 4-하위영역모형(Four Branch Model)에 의한 감성지능 구성요인

Mayer와 Salovey는 감성지능을 구성하는 하위영역을 중요성과 복잡성에 따라 정서와 인지의 상호작용, 정서추론, 정서의 사고 촉진 부분에 초점을 맞추어 네 가지 하위 요인으로 구성된 감성지능 모델인 4-하위영역을 제시하였다. 이를 구체적으로 살펴보면 다음과 같다.

1. 제1요인 : 정서의 인식과 표현
   대상이나 예술작품, 이야기나 음악 등 다른 자극에서 유발되는 정서뿐 아니라 자신과 타인의 정서를 지각하는 능력이다.

2. 제2요인 : 정서에 의한 사고촉진
   정서가 인지 체계 안에 들어가서 감정을 의사소통하기 위해서 또는 인지과정에 사용하기 위해서 필요할 때 정서를 유발하고 사용하고 느낄 수 있는 능력이다.

3. 제3요인 : 정서이해
   사랑이 미움으로 변하거나 기쁨과 슬픔이 공존하는 혼합정서 등 정서변화나 혼합감정 및 양가감정 등을 이해하고 어떻게 정서가 혼합되고, 변화하며, 다르게 전이되는가, 시간에 따라 정서가 어떻게 변하는가를 이해하는 능력, 정서적 의미를 이해하는 능력이다.

4. 제4요인 : 정서조절
   앞의 세 요인의 발달이 완전히 이루어져야 도달할 수 있는 단계로 개인적인 성장과 이해를 증진시키기 위해 자신과 타인의 감정에 개방적이며, 이를 조절할 수 있는 능력이다.

감성지능의 영역별 수준(Salovey & Mayer, 1997)

영 역	수 준
영역 Ⅰ 정서의 인식과 표현	수준 1 : 자신의 정서를 정확하게 인식하기 수준 2 : 타인의 정서를 이해하기 수준 3 : 정서를 정확히 표현하고 그 정서와 관련된 욕구를 표현하기 수준 4 : 표현된 정서를 구별하기
영역 Ⅱ 정서에 의한 사고촉진	수준 1 : 정서를 사용하여 중요한 정보에 주의집중함으로써 사고의 우선순위 결정하기 수준 2 : 생생한 정보를 불러일으켜서 관련된 판단이나 기억하기 수준 3 : 정서와 사고에 도움을 줄 수 있도록 정서를 보다 효율적으로 활용하기 수준 4 : 정서 상태에 따라 다른 문제해결 접근하기
영역 Ⅲ 정서이해	수준 1 : 정서간의 관계를 이해하고 명명하기 수준 2 : 정서가 전달하는 의미를 이해하기 수준 3 : 복잡하고 복합적인 정서를 이해하여 활용하기 수준 4 : 정서의 전환에 대한 변화 양상 추론하기
영역 Ⅳ 정서조절	수준 1 : 정서에 대해 개방적으로 수용하기 수준 2 : 정서의 유익성과 실용성을 반영하여 그 정서를 지속시키거나 그 정서에서 벗어나기 수준 3 : 자신과 타인의 관계 속에서 정서를 반영적으로 조절하기 수준 4 : 정서가 전달하는 정보를 축소, 과장, 왜곡하지 않고 자신과 타인에 대한 정서를 관리, 조절하기

Goleman의 감성지능 구성요인

Goleman(1996)은 Salovey와 Mayer의 감성지능의 기본적인 구성요인에 대인관계 능력을 포함시켰다. 그 다섯 가지 구성요인은 다음과 같다.

자신의 감정을 인식하는 능력	자신의 감정을 인지하고 그 감정에 이름을 붙이는 능력, 자신의 감정이 발생한 이유를 이해하는 능력 등이 포함된다.
자신의 감정을 조절하는 능력	감정을 적절히 표현하는 능력, 절제하는 능력, 자신과 가족 및 학교에 대한 보다 긍정적인 감정을 가지는 능력 등을 포함한다.
자신에게 동기를 부여하는 능력	책임지는 능력, 현재하고 있는 일에 집중하는 능력, 인내심을 갖고 충동적이지 않고 사려 깊게 일을 처리하는 능력 등이 포함된다. 즉, 어려움을 참아내고 자신의 성취를 위해 노력할 수 있는 능력을 말한다. Goleman은 자기 동기화를 이루는 가장 큰 능력으로 만족지연과 정서통제력을 제안하고 있다.
타인의 감정을 인식하는 능력	타인의 감정을 수용하고, 타인의 감정에 민감해지는 능력, 다른 사람의 감정을 읽을 줄 아는 능력 등이 포함된다.
대인관계 능력	다른 사람과 어울려 더불어 지내는데 필요한 기술로 대인관계를 분석하고 이해하는 능력, 의견이 상충할 때 갈등을 협상하는 능력 등을 포함한다. 자기감정 인식, 자기감정관리, 자기 동기화 및 감정이입을 모두 기초로 한 종합적 성격으로 규정하였다.

하우스 중심 교육으로 감성교육을 실천하는 '톤브리지 스쿨'

영국 켄트에 있는 톤브리지 스쿨(Tonbridge School)은 1553년에 설립된 유서 깊은 학교다. 톤브리지 스쿨은 영국 명문대를 상징하는 이른바 '옥스브리지(Oxbridge; 옥스퍼드 대학과 케임브리지 대학의 합성어)'에 최근 5년 동안 졸업생의 21.9%가 진학할 정도의 명문학교이다. 이는 영국 전체 고등학교에서 최고 상위에 해당하는 수치라고 한다.

이 학교 홍보 디렉터는 명문대 진학률이 높은 이유를 "학교의 리더 트레이딩 프로그램을 통해 감성지능을 배양하는 인성교육에 비결이 있다"고 말한다. 교사와 학생 비율이 1 대 8 정도여서 학생을 항상 관심 있게 지도할 수 있다는 것. 인성교육은 독특한 '하우스 시스템(House system)'을 통해 이루어지고 있다. 캠퍼스 곳곳에 12개의 하우스(기숙사)가 있는데, 학생들은 이곳에서 각각의 문화를 배우고 경쟁하며 최고의 엘리트 교육과 동시에 감성교육을 받는다. 하우스마다 다른 문화가 있어 학생들은 자신이 소속한 하우스의 전통과 문화에 자부심을 가지고, 페스티벌과 아트, 스포츠 등을 통해 서로 경쟁한다. 또한 학생들은 식당이 아닌 각자 자신이 소속한 하우스에서 따로 먹으며 식사시간도 교육의 장으로 활용해 식사문화와 감성교육을 받을 수 있다. 뿐만 아니라 각 하우스마다 하우스 마스터와 튜터들이 학생들의 감성교육을 담당한다. 튜터들은 학생들의 방과 후 활동과 종교활동 등을 케어(care)하면서 부모들이 해주지 못하는 인성과 감성교육을 하고 있다. 교실 수업이 지식교육이라면 하우스 수업은 인성교육인 셈이다.

02 | 성격이 좋아야 성적도 올라간다

1) 성공적인 인생은 IQ만으로는 이루어질 수 없다.

Mayer와 Salovey(1997)는 '감성지능'은 원만한 대인관계 형성에 필요할 뿐 아니라, 개인의 학업성취와 직장에서의 성공적인 업무수행에 매우 중요

정서순화를 통해 표현력, 협동심, 창의성 및 사고력이 신장된다.

한 역할을 한다고 하였다. 그중에서도 '감정이입 능력'은 학습자들이 학교나 사회생활에 보다 잘 적응하게 한다고 하였다. 그리고 자신의 감정을 잘 이해하고 조절하는 학습자는 학교생활에 적합하고 비공격적인 행동을 하며, 또래 친구들에게 인기가 많고, 사회 친화적 행동으로 타인과 상호작용을 잘 한다고 보고하였다. 반면 쉽게 긴장하고, 불안해하며, 주의산만과 같은 부정적인 정서를 지닌, 다시 말해 감성지능이 낮은 학습자는 새로운 상황에 지나치게 부끄러워하거나 위축되는 것과 같은 내면화 장애나 과잉 행동과 공격 등의 외면화 장애를 보인다고 하였다(김용래 · 김태은, 2005 등). 감성과 정서 또는 기분은 학습자가 복잡한 과제를 수행하고 동기화하는 데 많은 도움을 준다. 정서적으로 안정되었을 때 표현력, 협동심, 창의성 및 사고력이 신장될 뿐만 아니라 정서적으로 잘 적응하면 일상생활이 편안해져 열심히 활동하고 싶은 동기화가 되는 것이다.

1990년대 Salovey와 Mayer에 의해 처음 사용된 감성지능(emotional intelligence)이라는 용어는 1995년 Goleman의 'Emotional intelligence'라는 책 출간 후 더욱 관심이 고조되었다. 그 후 국내에서도 EQ를 감성지능지수 또는 정서지능지수로 번역하여 사용하게 되었다. 이 감성지능은 IQ를 포함하여 자신이 가지고 있는 제반능력을 얼마나 잘 활용할 수 있는가를 결정해 주는 일종의 초인지적 '메타 능력(meta-ability)'이라 할 수 있다. 또한 Terman은 교육의 인지지능은 학업뿐 아니라 인성적 면까지 포괄하며, 성공을 예측할 것으로 보았다. 그러므로 IQ만으로 학업성취도를 올리고 성공적인 인생을 살 수는 없으며 EQ가 학업성취도 및 성공적인 인생에 영향을 미치는 중요한 역할을 한다고 볼 수 있는 것이다.

그러나 그동안 이런 성격 특성 즉, 정의적 영역을 간과해 온 것이 사실이다. 따라서 이런 연구들이 계속되면서 인지 지능만으로는 개인이 살아가면서 성공에 직결되는 많은 문제점들을 설명하지 못하고, 해결점도 찾을 수 없다는 것을 이해하게 되었다. 이런 가운데 감성지능은 인생을 성공적으로 영위하는 데 중요한 영향을 미치는 감성의 질(quality of emotion)을 기술하기 위해 사용되면서, 성공적인 인생을 위한 중요한 요인임이 입증되었다. 또한 이 개념에는 자신의 감정 상태를 인식하고, 감정을 조절하며, 동기화하고, 타인의 감정을 인식하며, 대인관계를 맺는 능력 등이 포함되어 있다. 특히 IQ는 교육이나 경험에 의해 증진시킬 수 없는 반면, EQ는 얼마든지 교육을 통해 향상되고 발달될 수 있다는 점도 후속연구에 매우 의미 있는 시사점을 제공하고 있는 것이다.

Gardner(1983)는 그의 저서 '정신의 구조(Frames of Mind)'에서 인생의 성공에 결정적 영향을 주는 7가지의 다면성을 가진 지능 스펙트럼(spectrum of intelligence)이 존재한다고 제안하였다. 즉 7가지 능력이란 학문적 언어적 지능, 수학－논리적 지능, 공간적 지능, 신체－운동적 지능, 음악적 지능, 대인관계 지능, 개인이해 지능 등이다. 대인관계 지능이란 타인의 기분, 기질, 동기 그리고 소망을 식별하여 적절하게 반응하는 것이며, 개인이해 지능은 자신의 감정을 이해하고 식별하여 자신의 행동을 유도하기 위해 이 감정들을 이용하는 능력이라고 주장하였다. 여기에서 Gardner는 대인관계 지능과 개인이해 지능을 합친 것을 감성지능이라고 하였다(김언주 외, 1997). 이렇듯 여러 학자들에 의해 감성지능의 중요성이 대두되었으며 IQ로는 설명할 수 없는 것들을 설명해 줄 수 있게 되었다. 또한 감성지능이 성공적인 인생에 도움이 된다는 것을 서서히 입증해나가기 시작했다.

2) 감성지능은 학업성취도를 높여주는 결정적 역할을 한다.

이러한 감성적인 발달을 생애 관점에서 보면, 인지지능 관련 영역이 유년기에 성장을 마치고 사춘기인 청소년기에 성장을 끝내는 데 반해, 감성적 자기통제, 조절, 이해심, 기술적 반응 등을 관장하는 전두엽은 사춘기 전후까지 계속 성장하고 발달한다(성형란 외, 2006 등). 따라서 청소년기 학습자들에게는 감성지능 학습의 '결정적인 시기'라 할 수 있는 것이다(Goleman, 1995). 즉, 초등학교 고학년부터 중·고등학교의 시기는 감성적인 발달이 매우 민감하게 작용하는 시기라 할 수 있다는 것이다. 그러므로 학교교육은 미래의 성공적인 삶을 준비하는 과정으로, 학습자들이 자기 자신을 올바르게 인식하고 능력을 개발하며, 자아실현 경험의 장을 마련해주어야 할 것이다. 이런 역할이 학업성취에도 효과적이라 할 수 있다.

또한 학습자의 감성지능에 있어서 정서조절은 자신이 느낀 감정을 상황적 요구에 따라 적절하게 재배열하여 이해하기 어렵거나 흥미가 떨어지는 상황에서도 계속 동기화될 수 있게 도와주는 역할을 한다. 그러므로 학습자 감성지능의 정서조절은 자기주도학습과 상보적인 관계가 있고, 이런 밀접한 관계는 학업성취도와도 매우 밀접한 관련성이 있다(허남진, 2004).

국내·외 연구결과를 보면, Mayer와 Gehers는 정서인식 능력과 감정이입 능력이 학업성취도와 정적인 상관관계가 있음을 보고하였으며, 이들 연구에 의하면 자신과 타인의 정서에 대한 인식능력과 감정이입 능력이 높은 사람은 능력이 낮은 사람에

정서지능을 향상시키는 것은 학업성취도를 높이는 데에도 큰 영향을 미친다.

비해 학업성취도가 높은 것으로 나타났다(유효현, 2005). 초등학생과 중학생을 대상으로 감성지능, 지능, 적응행동, 학업성취도를 연구한 황재기(1998)는 감성지능과 지능의 두 변인 모두 학업성취에 영향을 주는 것으로 보고하였고, 그 밖의 많은 선행연구들이 감성지능과 학업성취도 간에 정적인 상관관계가 있음을 보고하였다.

Salovey는 긍정적인 기분은 문제를 범주화하는 데 영향을 미치고, 정보를 명확하게 범주화하는 것은 창조적으로 문제를 해결하는 데 도움을 준다고 하였다. 또한 행복한 감정은 귀납적으로 문제해결을 하는 데 영향을 미치고, 슬프고 우울한 감정은 연역적으로 문제를 해결하는 데 영향을 미친다고 하였다(곽윤정, 1997). 또한 권희숙(2003)은 중학생의 정서지능과 학업성취와의 관계연구에서 정서지능의 하위영역 중 정서조절 능력과 학업성취도 간에는 정적 상관이 가장 높음을 밝히고 있다.

감성지능과 학업성취도 간의 관계에서 Goleman은 개인의 정서 가운데 긍정성, 명랑성과 같은 정서가 부정적 정보보다 복잡한 과제해결에 대한 영향을 미친다고 봄으로써 학업성취도에 대한 감성지능의 영향력을 강조하였다. Mayer & Salovey(1990)는 감성지능을 정의하면서 감성적 유능감이라는 용어 대신에 굳이 감성지능이라는 용어를 사용하였다. 이는 Thorndike, Sternberg, Wagner, Gardner로 이어지는 학업적성 외의 다양한 지능의 존재가능성을 찾아보려는 연구의 맥락에 따른 것이다.

이와 같은 감성지능과 학업성취도에 대한 국·내외 선행연구를 종합해 보면, 대체적으로 감성지능과 학업성취도는 높은 상관관계를 지니고 있으며 감성지능이 높을 때 학업성취도가 높음을 알 수 있다.

'EQ 높아야 성적도 올라간다'

영국 센트럴 랭커셔 대 파멜라 쿼터 박사 팀은 영국의 7학년 학생 628명을 대상으로 지능지수와 감성지수를 검사한 뒤 2년 뒤 이들의 성적을 비교했다. 그 결과 비슷한 수준의 지능지수를 가지고 있다 하더라도 감성지수가 높은 학생은 성적 향상 효과가 높은 반면, 감성지수가 낮은 학생은 성적을 올리는 데 상대적으로 애를 먹는다는 결과를 관찰할 수 있었다. 감성지수가 높은 학생은 설사 지능지수가 낮아 현재 성적이 기대에 못 미치더라도 자신의 감성을 조절해 만회 노력을 통해 장기적으로 성적을 향상시킬 수 있었다. 반면 감성지수가 낮은 학생은 한번 좌절을 맛보면 감정 조절에 실패하기 때문에 성적향상에 어려움을 겪기 쉬운 것으로 나타났다.

쿼터 박사는 "학업성취에 있어서 지능지수의 영향을 감성지수가 완화시킨다는 사실을 확인할 수 있었다"며 "학생들의 학업성취도를 높이기 위해서는 어렸을 때부터 학생들로 하여금 자신의 감정을 솔직히 말하고, 다른 사람의 감정을 이해하도록 하는 감성 양성 훈련이 필요하다"고 말했다. 이 연구와 관련해 버밍엄 대학의 감성지수 전문가 앨런 모티보이스 교수는 "감성지수가 높은 교사가 가르칠 경우에도 학습효과가 좋다는 사실이 확인된 바 있다"고 말했다.

이 연구 결과는 영국 밀터케인즈에서 열린 '영국심리학회'에 발표됐으며,
영국 일간지 텔레그라프 온라인판 등이 2008년 10월 31일 보도

감성지능 체크리스트(학생용)

번호	문 항	예	보통	아니오
1	나는 부모님의 표정으로 부모님의 기분을 알 수 있다.			
2	나는 친구의 태도를 통해 그 친구의 기분을 파악할 수 있다.			
3	나는 친구가 자기능력에 만족해하면 나도 기분이 좋아짐을 알 수 있다.			
4	나는 부모님이 나를 더 예뻐하면 형제들이 질투하는 것을 알 수 있다.			
5	나는 어떤 일을 할 때나 희망적이고 긍정적인 마음을 표현할 수 있다.			
6	나는 부모님을 사랑하는 마음을 부모님께 표현할 수 있다.			
7	나는 감사한 마음을 주변 사람들에게 드러낼 수 있다.			
8	나는 부모님이 슬퍼하시면 위로해 드릴 수 있다.			
9	친구가 힘들어하면 나도 마음이 무거워짐을 느낄 수 있다.			
10	나는 주위사람들이 즐거워하면 나도 즐거워진다.			
11	나는 부모님께 항상 감사하는 마음을 느낄 수 있다.			
12	나는 우울해하는 친구의 기분에 휩쓸리지 않을 수 있다.			
13	나는 친구가 화가 나 있을 때 덩달아 화를 내지 않을 수 있다.			
14	나는 좋아하는 감정에 빠져 그릇된 판단을 하지 않을 수 있다.			
15	나는 나에게 쌀쌀맞은 친구에게도 친절하게 대해줄 수 있다.			
16	나는 친구보다 뒤처져 속상해도 희망을 가질 수 있다.			
17	나는 시험결과에 대해 오랫동안 실망하지 않을 수 있다.			
18	나는 화가 나도 잘 참을 수 있다.			
19	나는 늘 즐거운 감정을 유지할 수 있다.			
20	나는 이웃이 곤란한 상황에 있으면 마음이 아픔을 느낄 수 있다.			

예-2, 보통-1, 아니오-0점으로 계산해보세요.
40-31 감성지능이 높은 편, 30-21보통, 20점 이하는 감성지능을 더 높일 필요가 있습니다.

0	1	2	3	4	5	6	7	8	9	10	11	12	13	14	15	16	17	18	19	20

감성지능 체크리스트(학부모용)

번호	문 항	예	보통	아니오
1	나는 자녀와 하루에 15분 이상 대화하기가 힘들다.			
2	나는 자녀의 정서적 지원을 돕고 있지 않다.			
3	나는 자녀의 학교생활에 대해 전혀 모른다.			
4	나는 자녀의 표정을 보고 기분을 파악할 수 없다.			
5	나는 내가 화가 난 것과 자녀를 혼내야 하는 상황을 구분할 수 있다.			
6	나는 자녀를 대할 때 감정을 잘 조절하는 편이다.			
7	나는 나의 기분이 왜 나쁜지 좋은지를 잘 알 수 있다.			
8	나는 다른 사람의 감정에 영향을 많이 받는다.			
9	나는 자녀의 성적에 따라 기분이 좌지우지되기도 한다.			
10	나는 자녀의 감정을 읽고 지원해주려고 노력하는 편이다.			

1, 2, 3, 4, 8, 9번은 예-2, 보통-1, 아니오-0점으로,
5, 6, 7, 10번은 예-0, 보통-1, 아니오-2점으로 계산해보세요.
20~15점은 감성지능이 높은 편, 14~10점은 보통, 9점 미만은 감성지능을 높일 필요가 있는 것으로 보입니다. 체크리스트 문항을 잘 읽어보고 감성지능을 높이도록 노력해 보세요.

0	1	2	3	4	5	6	7	8	9	10	총 점

Chapter 03

'너 왜 공부하니?'

'고기를 잡아주지 말고 고기 잡는 법을 알려주라'는 말은 옛말이다. 이제는 '고기 잡는 법을 알려 주기 전에 고기를 잡고 싶은 마음이 들게 하라'고 한다. 바로 여기에 '동기화'가 숨어 있다. 공부를 하기 위해서는 '왜 공부를 해야 하는가'에 대해 확신을 가지고 있어야 하기 때문이다. 여기서 말하는 동기화(motivation)는 학생이 열성적이 될 수 있도록 하며, 흥미와 관심, 호기심을 높여줄 뿐만 아니라 열심히 노력하게 만든다. 교육적 차원에서 보면 동기화는 행동을 활성화시키고, 그 사회가 인정하는 바람직한 방향으로 행동이 변하게도 만든다. 또한 그 변화된 행동을 지속적으로 유지시키며 그 행동의 방향까지 제시한다. 이 동기화는 시발행동 요소들 가운데 대표적인 개념으로, 개인행동의 활력소가 되어 개인의 행동을 낳고, 방향을 결정하고, 행동의 수준이나 강도를 결정하는 내적 상태라고 할 수 있다. 동기화는 충동이나 욕구와는 다른 차원으로 직접 통제하거나 조절할 수 있는 것이 아니라, 항상 개인의 행동과 관련지어 생각해야 한다. 그러므로 교육학에서 학습자들의 동기를 연구하는 가장 중요한 목적은 그들의 성취수준을 증진시키는 데에 있다. 유의해야 할 사항은 바로 "학습하고자 하는 동기화가 되어 있지 않은 학습자는 학습하지 않는다"는 점이다. 그러므로 교사의 역할 중 하나는 교과학습과 학급활동에 별 관심이 없는 학생을 찾아서 그들에게 동기지향을 높여줄 수 있는 방안을 발견해내는 일이다. 그

중에서도 학교에서 학업성취도에 가장 큰 영향을 미치는 동기요인은 성취동기로, 이런 학업성취도와 관련된 학습동기에 대해 알아야 학업성취도를 높이는 데 도움을 줄 수 있을 것이다.

01 | 학습동기는 학습의 시작

1) 학습동기는 학습을 하게 만들고 방향을 제시한다

동기화(motivation)란 행동의 방향을 제시하고, 유발된 행동을 일정 방향으로 지속하도록 하며, 자신의 행동 목표로 지향하게 하는 정의적 특성이라 할 수 있다. 그중에서도 학습동기화(learning motivation)란 동기화의 여러 유형 중의 하나로 학습활동에 대한 학습자의 의욕·태도·목적의식·의지의 정도를 의미한다(김용래 외, 2005).

TIP 정의적 영역 [affective domain]

Bloom 등은 교육 목적이 추구하는 인간 행동의 변화를 세 가지 영역(인지, 정의, 신체적 영역)으로 구분하였는데 그중 태도, 흥미, 습관, 가치관, 성격 등의 영역을 말함.

동기화는 교육적·심리적·사업적인 영역에서 가장 관심의 대상이 되고 있다. 이 동기화는 두 가지 측면을 가지고 있는데 하나는 **행동의 활성화**이고, 다른 하나는 **행동의 방향제시**이다. 그러므로 동기화는 개인의 행동 수준이나 정도를 결정하는 중요한 요인이라 할 수 있을 것이다. 동기화는 앞에서도 말했듯이 행동 목표를 분명하게 하고 유발된 행동을 일정 방향으로 계속 이끌어가는 요인이므로 '동기유발, 동기부여' 또는 '동기환기'라고 하기도 한다. 학교 학습에서는 학습자들의 제반 수업-학습활동을 촉진시켜주는 동시에 수업-학습의 의욕을 환기시켜주기 때문에 '**학습동기(learning motivation)**'라 한다. 때로는 교육적인 말로서 동기화 자체를 '노력'이라고 부르는 경우도 있다(양애경, 2007).

이런 동기화는 무엇을 기반으로 하고 있을까? 바로 학습자가 지닌 '지각된 능력, 자기효능감, 귀인성향, 자기 통제적 신념'을 기반으로 한다고 할 수 있다. 이 말은 다시 말하면 동기화를 실질적으로 이끌어나가는 것은 학습자가 일정 과제를 수행할 수 있다고 하는 '**신념**'과 학습자 자신의 일정 과제를 성취할 수 있다고 하는 '**신념**'이다. 무엇보다 자기 자신을 믿고 학습에 임해야 한다는 것이다.

반면 Vallerand(1991) 등은 학습동기를 **자기결정**의 개념으로 보았다. 자기결정이란 학습을 하기로 결정함에 있어서 스스로의 의지가 얼마나 반영되어 있느냐 하는 것으로 자신이 학습하는 이유를 스스로 선택해 귀인하는 정도를 의미한다. 자기결정론에 의하면 학습동기는 타인이 강요하기 때문에 억지로 공부하는 자율성이 낮은 단계에서 외부의 압력, 보상, 불안감 등에서 벗어나 스스로 학습하는 자율성이 높은 단계까지의 구조로 구성되었다. 또한 Bruner(1997)는 학습동기를 학습의 경향성 또는 학습하고자 하는 의지로 정의하였다. 학습의 경향성은 문화적인 요인, 동기유발의 요인, 개인적 요인에 따라서 학습 의욕과 문제해결에 영향을 주게 된다. 학습하고자 하는 의지를 일으키기 위해서는 탐구를 위한 호기심이 중요하며, 이 호기심은 학습을 위한 내적 동기유발을 위해 필요하다는 것이다.

유효현(2005)은 학습동기란 학습자로 하여금 어떠한 학습 목표를 향하여 학습 행동을 하게 하는 학생의 모든 심리적인 상태로서, 학습에 의하여 어떤 결과를 성취하려는 강한 욕망이라 할 수 있다고 하였다. 즉 학습에 대한 의욕, 태도, 목적의식, 의지의 정도 등을 뜻하는 것으로 학습 과정에 있어서 가장 핵심적인 중요요인이라고 하였다. 그러므로 동기는 인간이 어떤 특정한 반응을 하도록 행동의 방향을 결정하는 중요한 요인이라고 볼 수 있으며, 이것을 학교 학습 상황과 관련지어 볼 때 학습자가 어떤 특정 과제를 학습하려는 원동력을 학습동기라 할 수 있다.

2) 학습동기가 없으면 학업성취도 없다

초기연구에 있어서 학습동기와 학업성취도는 분리되어 연구되어 왔으나, 1980년대 이래 연구에서는 동기적(학습동기)이고 인지적(학업성취도)인 요인이 어떻게 상호작용하고 학생의 학습과 성취에 어떻게 영향을 주는지에 초점이 맞춰졌다. 이런 연구에서 동기는 첫째, 역동적이고 다양한 방식의 동기화 측면을 고려하였다. 특히 자기효능감, 귀인성향, 내재적 동기, 목적을 포함하는 학습동기의 다양한 측면을 중요시한다. 학습동기는 한 가지 요인만으로 이루어지는 것이 아니라 학생이 가진 다양한 요인에 의해 이루어진다는 것을 바탕으로 연구가 진행된 것이다. 둘째, 학습자는 다양한 방식으로 동기화될 뿐 아니라 교실, 학교, 가정에서의 상황 혹은 맥락에 의해서도 동기화될 수 있다는 면에서 연구되었다. 이것은 교사, 부모의 교육적 노력에 의해 학습동기를 변화시킬 수 있음을 시사한다. 셋째, 학습자 자신의 동기와 학습에 대한 사고가 그들의 학습활동과 학업성취도에 가장 중요한 역할을 하고 있음을 가정하고 있다. 따라서 목표지향성, 자

새롭고 다양한 경험이 학습동기를 유발시킬 수 있다.

기효능감, 성취가치를 학습동기의 중요한 하위요인으로 보고하고 있다.

여러 동기화 유형의 하나인 '학습동기'는 학습활동에 대한 학습자의 의욕 · 태도 · 목적의식 · 의지의 정도를 뜻하며, 지적호기심, 경쟁심, 만족감, 보상 등의 여러 가지 내적, 외적 요인에 의해서 유발된다고 할 수 있다. 또한 단순한 행동을 유발할 뿐만 아니라 행동을 일으키는 힘과 방향을 부여한다고 보았다. 즉 학습자의 행동 목표를 분명하게 하고 유발된 행동을 일정한 방향으로 이끌어 간다는 것이다. Brophy는 학습동기를 학습자가 의미 있고 가치 있는 학습활동을 탐색하고 그 학습활동으로부터 의도한 학습의 이점을 얻고자 노력하는 경향성으로 보았다. 이러한 학습동기는 일반적 특성과 상황 특유의 상태로 나눌 수 있는데, 일반적 특성이란 학습은 흥미로운 것이며 만족할 만한 것이고 상황 특유의 상태란 과제를 이해하고 증진시키기 위해 지속적으로 노력하는 것을 말한다. 즉, 학습자는 학습동기로 인해 지속적으로 학습 목표를 성취하도록 노력하게 된다는 말이다.

위에서 살펴본 바와 같이 지금까지의 학습동기화에 관한 연구의 대부분은 학습자들의 효과적인 과제수행 행동, 과제의 성취, 새로운 기능의 개발 등에 관한 것이었다. 이들 연구결과는 대부분 학습자들에게 본질적(내재적) · 비본질적(외재적) 동기지향을 긍정적으로 활성화한다는 것이다. 바꾸어 말하면 학습자들이 효과적으로 과제를 수행하고 성취하고, 새로운 기능을 개발하면 학습동기가 향상된다는 것이다. 그러므로 이런 활동들은 학습자의 동기를 부여하는 데 큰 역할을 하고, 부모와 교사는 이런 활동을 촉진시키도록 노력해야 한다.

또한 학교교실에서 적용하는 본질 · 비본질 동기지향과 이들이 갖는 학교 학습에 미치는 영향에 관한 연구도 진행되었다. 이것은 학교 학습 상황 내에서 학습자들이 학습동기를 가질 수 있도록 하는 데 직접적으로 초점을 맞춘 것이라 할 수 있다. 여러 선행연구에서 본질적 동기(내적 동기)에 초점을 둔 교사의 반 학습자들이 과제수행 능력도 더 높고 흥미와 학습효과 및 성취도도 높음을 알 수 있다. 이러한 연구결과는 교사가 활용하는 동기 활성화 방안에 따라서 학습자들의 동기지향이 다르게 형성된다는 점을 시사한다. 또한 학교교육에서 교사의 역할 중 하나는 교과학습과 학급활동에 별 관심이 없는 학습자들을 찾아 그들에게 동기지향을 높여줄 수 있는 방안을 발견해 내는 일이라는 것이다.

학교의 수업－학습현장에서 주로 사용하고 있는 학습자 동기화에는 '내재적(내적/본질) 동기화와 외재적(외적/비본질) 동기화'이다. 이들은 상호 관련된 맥락에서 이해되어야 한다. 그러나 내재적 동기의 요인은 학습 흥미, 성공감, 호기심, 탐구심 등을 들 수 있으며 외재적 동기화의 요인은 상과 벌, 경쟁과 협동, 결과에 대한 보상으로 이들 요인을 중심으로 학습에 참여하는 정도를 의미한다. 이러한 학습동기를 김용래・이혜원(1994)은 '학습자들이 학습과 관련된 제반활동과 과제에 대한 주의력집중, 신뢰성, 호기심, 도전감, 만족감, 기대감, 참여성에 대한 신념과 의욕적인 노력의 정도'로 개념화하고 있다.

학교교육에서 학습자가 기대감을 갖게 되면 동기는 유발되고 확립되었다고 볼 수 있다. 개인이 어떤 목표를 성취했을 때 얻은 보상을 예상하는 것이 기대이며, 그 기대가 생겼을 때 학습자의 학습동기가 유발되기 때문이다. 학습은 자기활동의 과정이므로 학습자가 학습과제에 대하여 흥미를 느끼고, 그것을 자기의 것으로 만들려는 의지가 전제되어야 한다. 따라서 어떤 외적 보상에 의해 유발된 학습동기보다는 학습자의 호기심, 흥미, 탐색 등의 내적 요인에 의해 유발된 본질 동기가 더 중요하다. 즉 내적 요인에 의해 유발된 학습은 학습과제와 관련된 새로운 지식이나 기능을 획득하기 위한 노력의 강도를 높여주게 되므로 학습의 중요한 역할을 한다. 이러한 관점에서 보면 학습자의 동기화변인을 고려하지 않고는 어떠한 교수법도 성공을 보장할 수 없다는 것이다.

핀란드, 공부하는 시간은 가장 적은데 학력은 1위

핀란드는 PISA(Programme for International Student Assessment, OECD가 주관하는 국제학력조사)에서 종합 1등을 놓친 적이 없다. 그러나 핀란드는 수업 시간이 세계에서 가장 짧고, 사교육도 거의 없으며, OECD가 학교 밖과 가정에서 공부하는 시간을 조사한 결과 역시 최저수준으로 나타났다.

PISA 순위 최상위권인 한국과는 무엇이 다를까? 활발한 사교육과 수업 시간, 공부 시간이 매우 길다는 것, 그리고 학습동기가 매우 낮다는 것이다. 핀란드는 학력과 학습 흥미, 동기가 모두 높은 반면 한국은 학습 흥미, 동기가 최하위권이다.

2003년 PISA 수학 부문 결과, 한국은 홍콩과 핀란드에 이어 3위였지만 수학에 대한 흥미도와 학습동기는 전체 41개 나라 가운데 각각 31위와 38위였다. 당시 학습태도에 대한 조사 결과를 보면, "수학 숙제를 하려고 하면 마음이 매우 무거워진다"는 질문에 "그렇다"라고 답한 비율이 한국은 33.2%, 핀란드는 6.7%였다. OECD 평균은 29.2%다. "수학 문제를 풀고 있으면 안절부절못한다"라는 질문에 대해서도, 한국 학생들은 44.3%가 "그렇다", 핀란드는 15%, OECD 평균은 29.0%였다.

우리 교육이 나아가야 할 방향은 무엇일까? 학습동기와 학업성취도 간의 관계에 관한 보다 다양한 연구가 절실히 필요한 시점이다.

학교 학습동기 (school learning motivation)

학습동기 척도의 하위요인을 이해하면 학습동기를 이해하는 데 도움이 된다. 다음은 학습동기척도의 하위요인이다(김용래, 2000).

수업동기	'학습자 자신이 주의력 · 적절성 · 신뢰성 · 도전감 · 만족감 · 호기심 · 기대감 · 참여성을 가지고 학교의 수업내용과 관련된 제반 활동과 과제를 수행하고자 하는 학습자의 신념과 의욕적인 노력의 정도'이다. 수업 동기의 점수범위는 7점~28점으로서, 수업 동기 요인에 해당하는 문항에 응답하여 얻은 학습자의 점수를 말하며 그 점수가 높을수록 수업 동기가 높다고 설명한다.
본질(내적)동기	'학습자가 외부의 어떤 유인이나 일정 보상과 강화에 의존하지 않고, 학습자 스스로가 주의력 · 적절성 · 신뢰성 · 호기심 · 도전감 · 만족감 · 기대감 · 참여성을 가지고 학교 학습과 관련된 제반 활동과 과제를 수행하고자 하는 학습자의 신념과 의욕적인 노력의 정도'이다. 본질 동기의 점수범위는 6~24점으로서, 학교 학습동기 척도를 실시해서 이 하위요인에 해당하는 문항에 응답한 점수가 높으면 높을수록 본질(내적)동기가 높다고 진단한다. 따라서 본질적(내적) 동기는 학습자가 과제에 참여하는 것은 수단으로서가 아니라 원하는 목적으로 간주하며, 주어진 일정 과제가 지닌 8가지 속성으로 인해서 능력감 · 숙달감 · 통제감 · 자기결정감을 갖게 되어 학습자들은 스스로 노력하게 된다.
계속동기	'학습자가 학교에서 학습한 내용을 학교 밖에서도 주의력 · 적절성 · 신뢰성 · 호기심 · 도전감 · 만족감 · 기대감 · 참여성을 가지고 계속해서 학습활동을 수행하고자 하는 학습자의 신념과 의욕적인 노력의 정도'이다. 이 계속동기의 점수 범위는 6점~24점으로서, 학교 학습동기 척도를 실시해서 이 요인에 해당하는 문항에 응답한 점수가 높으면 높을수록 계속동기가 높은 것으로 해석한다. 그러므로 계속 동기는 본질(내적) · 비본질(외적) 동기화와 다른 점은 있지만, 학습동기 활성화 요인은 모두 비슷한 성질을 내포하고 있다. 이 계속 동기가 학문적 체제 내에서 연구되고 있는 것은 학습과 성취에 관련된 활동의 지속성과 활동의 강도를 결정하는 요인에 의미를 두고 있기 때문이다.
비본질(외적)동기	'학습자가 학교 학습을 통해서 원하는 것(대상 · 목적; 예, 학업성적)을 획득하고자 주의력 · 적절성 · 신뢰성 · 호기심 · 도전감 · 만족감 · 기대감 · 참여성을 가지고 학습활동을 하고자 하는 학습자의 신념과 의욕적인 노력의 정도'이다. 이 비본질 동기의 점수 범위는 6점~24점으로서, 학교 학습동기척도를 실시해서 이 요인에 해당하는 문항에 응답한 점수가 높으면 높을수록 비본질(외적)동기는 높은 것으로 해석한다. 따라서 비본질 측면에서 보면 학습자들은 원하는 것을 얻기 위해서 동기가 환기된다. 일정 과제는 학습자가 운하는 것(대상 또는 목적)을 성취하는 수단으로 간주하고, 그러한 과제 수행은 다른 학습자와 비교 우위적인 자신의 능력과 역량을 발휘하기 위한 활동과 관련이 되어 있다.

02 | 학습동기 없이는 학습도 없다

Pintrich와 Schunk(2002)는 힉습동기란 목표달성을 향한 신체적, 정신적 활동이 시작되고 유지되는 일련의 과정을 말하며, 이미 습득된 기능, 전략, 행동의 수행뿐 아니라 새로운 기능, 전략, 행동의 학습에도 결정적인 영향을 미친다고 하였다. 긍정적인 학습동기를 지닌 학습자는 부정적인 학습동기를 지닌 학습자에 비해 보다 우수한 학업성취를 이룬다. 또한 최종 결과물에 도달하는 데 수반되는 과정의 전반에 걸쳐, 보다 강한 인내심, 꾸준한 노력, 보다 높은 정신건강 및 안정적인 심리상태를 유지하는 특성을 나타낸다(봉미미, 2006).

Good와 Brophy는 '학교수업이 학습할 수 있는 환경과 분위기를 어떻게 만들어 내고 중재할 수 있는가의 방향으로 가고 있다'라며 최근 학교 학습동기의 경향을 설명하였다. 다시 말하면 학교수업 상황 혹은 맥락을 어떻게 조성하느냐에 따라 학교수업과 관련된 여러 활동에 대한 동기화가 좌지우지될 수 있다는 것을 의미한다. 그러므로 학습동기를 높이기 위해 어떠한 맥락을 조성할 것인가가 최근의 학교 학습동기의 흐름이라는 것이다.

수업 시간과 관련된 제반 상황들에 대해 의욕을 가지고, 노력하는 정도로 학습동기의 상태를 알 수 있을 것이다. 이런 동기를 유발시키기 위해서 유능한 교사는 학습자의 동기를 유발시켜 학습활동에 적극적으로 참여를 유도하여야 한다. 또한 이런 교사와 함께 내적으로 동기화된 학습자가 목표달성을 위해 열의를 가지고 끈기 있게 참여하면 학습동기는 최대화될 수 있을 것이다. 동기화는 행동을 개시하게 하는 시발기능과 방향을 결정하는 힘을 가지는 강화적 기능을 하므로 개인의 모든 의도적이고 목표지향적인 행동의 근원이라고 할 수 있다. 따라서 학습활동에 있어서 동기화가 학습활동과 학업의 성취결과에 큰 영향을 미치는 것은 너무나도 당연한 것이라 할 수 있다.

학업성취도와 관련해서 학습동기에 대한 국·내외 선행연구들을 살펴보면, 백영실(1992)은 초등학교 6학년을 대상으로 한 연구에서 학습자의 자아개념과 내재적 동기가 학업성적에 미치는 영향력이 매우 크다고 보고하였다. 또한 중학생의 부모, 교사, 학급풍토, 교우관계에 대한 학습동기와 학업성취도 관계에서 내재적 동기화가 수학 자기효능감과 수학 성취도 간에 여타 교과목 보다 높은 상관관계가 있다고 하였다. 성별과 학년 수준별로 자아개념, 성취동기 및 학습동기, 흥미, 태도를 포함하는 정의적 특성과 학업성취도 간의 관계를 분석한 연구결과들도 모두 크게 영향력을 미친다고 보고하고 있다. 그만큼 학습동기를 구성하는 요인들 또한 이를 포함한 여러 정의적 특성들이 학업성취도에 큰 영향을 미친다는 것은 이미 입증된 사실이다.

특히 김용래는 중·고등학교 학습자를 대상으로 학습동기가 학업성적에 얼마나 많은 기여를 하느냐를 검증한 연구에서 정의적 특성 중 학습동기의 중요성을 강조하였다. Koestner와 Vaolerand는 학생들의 학업성취도가 저조한 것보다 더욱 심각한 것은 학습하려는 강한 욕구가 없다는 데 있다고 하였다. 이에 개인이 자신의 지적 능력을 충분하게 발휘하고 효율적인 학습방법을 적절하게 활용하기 위해 학습동기화가 중요하다고 밝혔다. 문은식(2002)은 학습동기화는 청소년의 학교생활 적응행동에 직접적인 영향을 줄 뿐만 아니라 심리적 안녕을 통해서 간접적인 영향도 준다고 하였다. 허남진(2004)은 학업성취도는 자기주도학습과 밀접한 관계가 있고 이러한 자기주도학습에 있어 동기화가 매우 영향력 있다고 하였다.

성취동기와 학업성취도 간의 관계를 규명한 연구를 살펴보면, 강승호는 성취동기와 학업성취도의 상관은 학년수준과 성별에 상관없이 전체적으로 모두 유의한 상관을 밝히고 있다. 권현숙(1998)에 의하면 중학생을 대상으로 자아개념, 학습동기, 학습 흥미, 태도, 포부 수준 등의 정의적 특성과 학업성적과 유의한 정적 상관이 있다고 하였다.

이상에서 학습동기와 학업성취도에 대한 선행연구 결과들을 종합해 보면, 학습동기가 정의적 특성으로서 교육적 함의가 있다. 이러한 연구결과에 의하면, 학습동기화는 학업성취도에 매우 큰 영향을 끼치고 있음을 알 수 있다.

"네 꿈은 뭐니?", 학습동기를 찾아야 성적이 오른다

신명호(가명) 군(고1)은 중3 때 전교 141등이던 성적을 전교 10위권으로 끌어올렸다. 신군은 중3, 2학기 말에 잘못된 공부습관을 고쳐 역전을 이뤄냈다. 교과서를 보고, 자투리 시간을 활용하고, 개념을 확실히 다지는 데 주력했다. 하지만 가장 중요한 것은 '공부를 해야 하는 이유를 찾은 것'이다.

공부법만 배운다고 해서 성적이 오르지는 않는다. 학생 스스로 공부에 대한 부정적인 마음을 버려야 한다. 학생들에게 '공부'에 대한 생각을 말해보라고 하면 "짜증나요", "싫어요", "공부해서 뭐해요"라는 부정적인 의견이 대부분이다. 따라서 이런 아이들의 마음을 자극시키는 것이 중요하다. "네가 진짜 하고 싶은 일이 뭐니?"라는 근본적인 물음부터 시작해 "20년, 30년 뒤 네가 되고 싶은 모습을 그려보자"라며 꿈을 되살려 주는 것이 중요하다. 꿈을 이루기 위해서는 무엇을 공부해야 하고, 대학은 어디를 가야 하는지 등을 아이와 함께 그려보며 공부의 필요성을 인식시켜 주도록 한다. 한 교육 컨설턴트는 "공부법 강의를 10시간 한다면, 공부 이유를 찾아주는 데 9시간을 투자한다"며 "아이 스스로 학습동기를 찾게 하는 일이 무엇보다 중요하다"고 강조했다.

학습동기 체크리스트(학생용)

번호	문항	예	보통	아니오
1	나는 수업내용을 그 시간에 이해하기 위해서 선생님의 설명을 열심히 들으려고 한다.			
2	나는 나쁜 점수를 받은 교과목이라도 포기하지 않고 좋은 성적을 얻기 위해 열심히 노력한다.			
3	나는 수업 시간에 배운 내용 중 잘 모르는 내용은 누구에게 물어서라도 이해하려고 한다.			
4	나는 수업 시간에 시험 볼 시간이 발표되면 보통 때보다 더 열심히 공부할 계획을 세운다.			
5	나는 피곤하더라도 그날 배운 교과내용을 이해하기 위해서 복습을 반드시 하려고 한다.			
6	나는 학교 밖에서도 수업내용과 관련 있는 사항들을 항상 관심을 두고 살피려고 한다.			
7	나는 수업한 내용을 완전히 이해하면 즐겁고 더욱 공부하고자 하는 의욕이 생긴다.			
8	나는 수업내용을 보다 잘 이해하기 위해서 학교 밖 여러 사람들과 계속해서 의논하려고 한다.			
9	나는 교과목의 내용을 보다 효과 있게 공부하는 방법에 대해서 항상 관심을 가지고 있다.			
10	나는 수업내용과 관련 있는 TV프로·신문기사·인터넷·잡지 등의 내용을 살펴보고자 노력한다.			

예-2, 보통-1, 아니오-0점으로 계산해보세요.
학습하고자 하는 동기와 실천정도를 체크하고 있습니다. 점수가 높을수록 학습동기가 높다고 할 수 있습니다. 체크리스트 문항을 잘 읽어보고 학습동기를 높일 수 있도록 나의 태도를 돌아보세요.

0	1	2	3	4	5	6	7	8	9	10	총 점

학습동기 체크리스트(학부모용)

번호	문 항	예	보통	아니오
1	나는 아이가 잘하고 좋아하는 것이 무엇인지 잘 알고 있다.			
2	나는 자녀가 무엇을 해도 마음에 들지 않는다.			
3	나는 자녀의 꿈과 목표가 무엇인지 모른다.			
4	나는 자녀의 성적을 두고 상과 벌을 준다.			
5	나는 자녀가 모르는 것을 물어보면 잘 가르쳐주지 못한다.			
6	나는 자녀가 최소한 대학교육은 받아야 한다고 생각한다.			
7	나는 충분히 격려하려고 노력한다.			
8	나는 자녀의 수준을 파악하고 있지 못하다.			
9	나는 자녀의 학습동기를 모른다.			
10	나는 요즘 자녀의 스트레스가 무엇인지 모른다.			

1, 7번은 예-2, 보통-1, 아니오-0점으로,
2, 3, 4, 5, 6, 8, 9, 10번은 예-0, 보통-1, 아니오-2점으로 계산해보세요.
학습동기를 주는 부모인가 오히려 학습동기를 꺾는 부모인가 잘 생각해 보세요. 점수가 높을수록 학습동기를 주는 부모라고 할 수 있습니다.

0	1	2	3	4	5	6	7	8	9	10	총 점

Chapter 04

스트레스를 친구로 만들자

한 조사에 따르면 한국청소년의 60% 이상이 학습, 장래, 친구관계 및 진학문제 등으로 스트레스를 겪고 있는 것으로 나타났다. 한국의 학업성취 지향적인 교육환경으로 인하여 청소년들이 학교와 가정에서 받는 스트레스가 청소년이 감당해 낼 수 있는 정도를 넘어서고 있는 실정이다. 중요한 것은 학습자들이 생애발달상 스트레스를 많이 받게 되는 청소년 시기에 있으며, 스트레스는 학교적응이나 대처와 밀접한 관련이 있다는 것이다. 그러므로 학습자들은 스트레스를 방어하고, 약화시키며, 관리하여 삶에 이로움이 될 수 있도록 노력해야 한다.

01 | 공부하는 게 제일 쉬웠다고?

Stress의 어원은 라틴어인 'Strictus'와 옛 불어인 'Etrace'에서 온 것이며, 초기에는 자극(고통의 원인인 힘과 억압)을 지칭해서 사용하였다. 즉 스트레스라는 용어는 역경, 고통 및 불행을 설명하기 위한 의미로 14세기에 처음 사용되었던 것이다. 그리고 Selye가 1956년 '생활 스트레스'란 책을 발표한 이후, 지금까지 스트레스란 용어가 사용되어 왔다. 이러한 스트레스

새롭고 다양한 활동이 스트레스를 풀 수 있도록 도와준다.

에는 '자극', '반응' 그리고 '상호역동'으로서의 스트레스가 있다(김용래, 2000). 또한 개인이 투입된 상황과 정신적으로나 신체적으로 부적절한 결합상태임을 지각하고, 자신을 지키고자 하는 상태를 의미하기도 한다(Lazarus, 1999).

학습자들은 스트레스가 심한 청소년기에 있다. 청소년기는 인생의 방향과 진로를 선택해야 할 뿐만 아니라 학교 학습의 각종 시험 준비, 그리고 가족 구성원 및 친구와의 관계 속에서 경험하는 여러 가지 문제들로 인하여 스트레스를 많이 경험하는 시기이다. 이런 시기에 있는 학습자들이 받는 학습자 스트레스를 김용래 외(2004)는 '개인 학습자들의 생활환경인 가정, 학교, 사회상황에서 유발하는 좌절, 갈등, 억압 및 불안으로 인해 받게 되는 심리적 스트레스의 정도'라고 하였다. 또한 청소년기의 학습자 스트레스는 가정, 학교, 사회 등의 제반 상황에서 심리적 스트레스의 주요 원천인 '좌절, 갈등, 억압 및 불안'을 중심으로 유발되며 하위요인으로는 가정 스트레스, 학교 스트레스 및 사회 스트레스가 있다고 하였다.

일반적으로 우리나라 청소년들의 정신건강에 영향을 미치는 요인은 학업, 학교생활, 가정문제, 부모문제, 친구와의 문제, 교사의 문제, 학교환경과 사회문제 및 진로문제가 있으며, 김용복(2001)은 스트레스 요인별 수준을 비교한 분석결과 학업 등 학교생활과 관련된 스트레스 대부분 높은 수준을 차지하고 있다고 하였다. 이와 같이 학교 스트레스는 청소년의 정신건강 및 학업성취도에 많은 영향을 미치게 된다.

그러나 이런 스트레스를 받는 것보다 이 스트레스를 어떻게 대처하느냐가 무엇보다 중요하다. Lazarus와 Folkman(1984)은 스트레스를 어떻게 해결하느냐에 따라 개인의 신체적, 생리적, 심리적 및 인지적 경험이 달라진다고 하였다. 청소년들이 학교에서 경험하는 스트레스가 정서적 문제를 일으키지만, 스트레스 상황에 따른 대처방법에 따라 스트레스를 받은 후에 나타나는 정서적 반응은 개인마다 달라지기 때문이다. 이처럼 스트레스에 개인이 어떻게 대처하느냐에 따라서 결과적으로 개인차가 존재하게 되는 것이다. 즉, 학교 스트레스를 겪는 청소년들의 정신건강은 스트레스 대처에 의해 조절될 수 있다. 스트레스는 개인의 일상생활에서 언제나 경험할 수 있는 것이며, 누구나 경험할 수 있는 것이지만 어떤 사람에게는 막대한 부적응을 초래하는 심각한 수준으로, 또 다른 사람에게는 오히려 그 상황을 더욱 잘 다루어 나갈 수 있는 긍정적인 요인으로 작용하기도 한다. 개인들은 일상생활 속에서 겪는 스트레스에 대처해 나가는 데 각기 다른 개인적, 심리적, 사회적 자원을 갖고 있다. 이 자원에 따라 비슷한 유형의 스트레스라 하더라도 개인이 지각하는 스트레스의 정도는 각기 달라지는 것이다(양애경, 2007).

과거에는 전 세계적으로나 사회, 생리학자들 및 일반인들에게 스트레스에 대한 관심이 별로 높지 않았다. 그러나 이러한 낮은 관심은 감성적인 고통, 역기능, 신체적 질병 및 사회적인 질병을 유발하는 스트레스를 약화시키기에 도움이 되는 과학적 정보를 적용하여 대처(Coping)하려는 임상치료자들에게로 점차 확산되었다. Morris(1985)는 이러한 대처 혹은 적응을 개인이 일정 '스트레스에 대처하는 일련의 노력으로써 개인의 요구를 상황의 요구에 맞추고 실현 가능성에 비추어 신중하게 고려하여 상황의 한계 내에서 할 수 있는 것과 할 수 없는 것에 따라 조처하려고 하는 성공적/비성공적인 개인의 시도'라고 정의하였다.

개인은 상황 내에서 다양한 사태나 사건으로 인해 스트레스에 노출되게 된다. 개인은 스트레스의 주요 원천인 좌절, 갈등, 압력, 억압 및 불안과 같은 심리적 스트레스에 영향을 받게 된다. 개인이 스트레스에 노출되면

심리적, 신체적 위협이나 부정적인 정서를 갖게 된다. 그러나 정신의학 차원에서 보면 스트레스는 효과 있는 생활을 위한 요인이 될 수도 있다. 스트레스는 이와 같이 부정적인 측면만이 아니라 긍정적인 가치를 지니고 있다는 것을 기억할 필요가 있다.

스트레스를 부정적인 것이라고 단언하기는 어렵다. 왜냐하면 일상생활에서 다양한 변화와 도전, 그리고 감성이 포함되어 있는 동안 스트레스는 항상 건강한 정신을 유지하고 안락한 삶을 살아가기 위해 스트레스에 대한 바른 이해와 적절한 대처방안이 강구되어야 한다.

개인 스트레스의 주요 원천(김용래 · 김태은, 2004)

개인 스트레스의 주요 원천에는 좌절, 갈등, 압력, 불안, 변화 등이 있다. 그중에서도 좌절, 갈등, 압력에 대해 알아보면 다음과 같다.

좌절 (frustration)	개인은 일상생활의 제반 상황에서 스트레스를 받게 되며, 개인의 욕구는 언제나 쉽게 충족되지 못한다. 따라서 개인은 자신에게 주어지는 제반 장애물을 극복해야 하고, 올바른 선택을 해야 하며, 만족과 성취가 지연되는 것은 인내해야 한다. 개인은 목표달성을 위한 자신의 시도가 차단될 경우 개인 나름대로의 대처방법을 모색하게 된다. 좌절상태에서 개인이 받는 스트레스 정도는 개인의 적절한 적응(대처) 여하에 따라 차이가 있다. 특히 개인은 자신이 지닌 '기본적인 욕구'가 충족되지 못하면 좌절상태에 놓이게 된다. 좌절은 개인이 원하는 것을 갖지 못할 경우에 유발되며, 동기화된 개인의 행동이 차단되는 것은 곧 좌절을 초래한다(Weiten, 1986).
갈등 (conflict)	개인은 일상생활에서 '해야 하느냐?, 하지 말아야 하느냐?'와 같은 난처하고 주저하며 망설이게 되는 상황에 부단히 접하게 된다. 갈등은 둘 또는 그 이상의 양립할 수 없는 동기화 경향성이며, 신념 또는 가치 차원에서 양립할 수 없는 상황에서 개인 자신이 선택하고 결정해야 할 경우에 유발된다.
압력 (pressure)	개인이 일정 방식으로 행동하게 되는 '기대'와 '요구'에 의해서나, 때로는 '자기강요'에 의해서 유발된다. 그리고 개인은 누구나 가끔 일정한 '압력'상황에 놓이게 된다. 압력은 개인이 일정 방식의 행동에 대한 요구나 기대와 관련된다. "하도록 하는 것"과 "따르게 하는 것"과 같은 측면이 있다. 전자는 '좋은 성적'이나 '좋은 근무평정'을 받고자 하는 경우이며, 후자는 다른 사람들의 기대를 충족시키고자 하는 경우이다.

02 | 스트레스는 학업성취도와 직결된다

스트레스를 사전에서 찾아보면 '생체에 가해지는 여러 상해 및 자극에 대하여 체내에서 일어나는 비특이적인 생물반응'이라고 정의되어 있다. 이런 스트레스는 생물반응뿐만 아니라 우리가 가지고 있는 감성의 하나라고 할 수 있다. 그 때문에 Lazarus(1999)는 스트레스를 감성의 하위영역으로 연구할 것을 주장하였으며, 그는 감성과 스트레스 간의 관계에 관해서 어떤 감성들은(분노, 선망, 질투, 불안, 공포, 죄책감, 수치감, 슬픔 등) '스트레스 감성'으로 지칭될 수 있다고 하였다. 따라서 인간이 경험하는 스트레스의 핵심은 부정적 감성을 중심으로 감성적 스트레스로서 개념화할 수 있다는 것이다. 학습자 스트레스 역시 학습자 스트레스와 학업성취도의 관계를 직접적으로 규명한 연구는 찾아보기 힘들다. 스트레스에 잘 대처하고 조절하는 관련변인인 감성지능과의 연계성을 유추하여 학습자 스트레스와 학업성취도와의 관계를 분석할 수 있다.

감성지능과 학습자의 인기도, 자기통제, 대인문제해결력 등과의 관계, 그리고 스트레스와 이 영역들과의 관계에 관한 선행연구들을 분석하여 감성지능과 학습자 스트레스와의 관계를 유추해 보도록 하자. 우선 감성지능은 학습자의 학교적응에도 영향을 미친다. 학교에 잘 적응하고 자신감이 있는 아동은 자기

공원에 위치한 레저타임 센터에서의 활동 모습－공원에서 어린이들이 놀이 활동을 하는 중에도 반드시 보조교사가 함께하고 있음을 볼 수 있었음.

통제 능력이 있으며 자기통제 능력이 높으면 스트레스에 잘 대처할 수 있다는 것이다(정현희 · 최경순, 2001). 즉, 감성지능이 높은 개인 학습자는 학교에 더 잘 적응한다고 볼 수 있다. 또한 이와 관련하여 비행청소년이 일반아동보다 스트레스를 더 많이 받는다는 연구결과도 있다. 자신과 타인의 감정을 효과적으로 조절하지 못하면 이기적이고 공격적이며, 반사회적 행동상의 문제가 표출될 수도 있다. 그러므로 일반아동보다 비행아동이 감성지능이 낮고, 비행청소년들이 일반청소년보다 더 높은 스트레스를 보이고 있는 것으로 나타난다.

감성지능은 아동의 심리적 안정성 및 사회성과 유의미한 상관이 있기 때문에 감성지능이 높고 낮음에 따라 주변 환경 스트레스를 덜 받을 수도 더 받을 수도 있다. 조미령(2002)의 연구에서는 감성지능이 높은 집단이 낮은 집단에 비해 스트레스 수준이 낮고 감성조절 능력이 높을수록 스트레스를 덜 받고 감성지능이 높은 집단에서 능동적으로 대처 방식을 사용하였다. 타인의 감정을 이해할 수 있는 능력이 높은 아동들의 사회적 인지발달이 높게 나타났으며 이러한 아동들은 주어진 환경에 대해 긍정적이고 낙관적인 시각을 갖고 있다고 Laura(1998)는 연구 보고하였다.

부모 · 자녀관계에 따라 학습자 스트레스 지각과 감성지능에 차이가 있는 것으로 나타났는데, 부모와 긍정적인 관계를 맺고 있는 학습자가 스트레스를 덜 지각한다는 것이다. 관련 연구로는 부모 · 자녀 간에 의사소통이 잘 이루어지는 집단과 그렇지 않은 집단 간에는 자기감정관리, 타인감정관리의 감성지능에서 유의한 차이가 있다는 연구결과도 있다.

김용래 · 김태은(2004)은 중학교 학습자들의 학습자 스트레스와 학교적응/대처의 정도를 남 · 여 학습자별로 보면, 대체로 남자 학습자들이 여자 학습자들보다 학습자 스트레스 전반(가정 스트레스, 학교 스트레스, 사회 스트레스)에 걸쳐 더 많이 노출되고, 특히 남자 학습자들은 가정상황에서 유발하는 '가정 스트레스'를 더 심하게 받고 있다고 보고하였다. 반면 적응에 있어서는 여자 학습자보다 더 긍정적으로 잘 적응한다. 또한 한미현은 남아는 주변 환경 영역에서 여아보다 더 스트레스를 받음을 발견했다. 반면 여아는 친구영역에서 남아보다 더 스트레스를 받고, 학교에 대한 학습자 스트레스도 여아가 남아보다 더 받는다는 연구결과를 보고하고 있다(정현희, 2002). 따라서 학습자 스트레스는 개인의 학습자의 성별에도 영향이 있음을 알 수 있다. 그러므로 남・녀 학습자들이 학교상황에 대처하고 잘 적응할 수 있도록 학습자들을 격려하고 지원하는 차원의 지도가 수반되어야 한다고 하였다.

그렇다면 어떤 스트레스를 많이 받을까? 김경숙(2003)의 연구에서 보면, 아동의 스트레스는 학업관련 스트레스가 가장 높았다. 그리고 감성지능의 수준이 높으면 생활스트레스는 낮고 스트레스 통제감이 높았으며, 적극적 대처 행동, 사회지지 추구적 대처 행동의 수준은 높고 공격적 대처 행동의 수준은 낮게 나타났다. 따라서 감성조절을 잘할수록 학습자 스트레스 상황에서 문제해결 중심으로 적극적 대처 행동이나 사회지지 대처 행동은 높을 것이며, 감성표현을 잘하고 통제감이 높을수록 공격적 대처 행동, 회피적 대처 행동은 낮을 것이라고 추측될 수 있다. 한편 감성지능과 학습자 스트레스에 대한 연구들은 남아와 여아 간에 차이가 있음을 밝히고 있다. 감성지능에 대한 아동의 성 차이에 대한 연구들은 여아가 남아보다 일반적으로 감성지능이 높았음을 지적하고 있다. Berk(1994)에 의하면 여아가 남아보다 다른 사람의 감정을 더 잘 이해하며, 자기동기화와 자기감정관리에서는 남학생이 여학생보다 높으며 공감에서는 여학생이 남학생보다 높았다.

학교 학습에서 시험불안으로 인한 스트레스가 높고, 지능이 높은 학습자가 시험불안이 낮고, '시험불안 스트레스'가 높고 지능이 낮은 학습자는 시험불안이 낮고 지능이 낮은 학습자보다 학업성취도가 낮은 경향이 있다(함병미, 2004). 학업성적과 스트레스는 학습에 역효과를 주는 주요인이지만 학습자들이 받는 학습자 스트레스에 적절하게 대처 한다면 그들의 학업성취도를 향상시키는 데 도움이 될 것이다.

'행복 교과서'로 배우는 '나만의 행복'

서울대 개발…… 내년부터 중·고교 단계적 보급
규범 나열 도덕 과목과 달리 '행복 원리' 등 제시

앞으로 '행복해지는 법'을 학교에서 가르치고 배우게 될 것 같다. 문용린 서울대 교수(전 교육부 장관)가 이끄는 연구팀은 30일 "서울대 행복연구센터의 의뢰로 6개월 동안 개발한 중학교 2학년용 '행복 교과서'를 완성했다"며 "내년부터 교과 운영을 희망하는 일선 학교에 이 교과서를 보급할 것"이라고 밝혔다. 고등학교용 교과서는 2011년 개발해 2012년 시범학교에서 가르칠 예정이다.

행복 교과서는 정규교과 등록 전이라도 일선 학교에서 재량활동 시간 등에 활용할 수 있다.

행복 교과서는 학생들이 입시 경쟁에 매몰되지 않고 행복할 수 있는 능력을 스스로 키우도록 돕자는 뜻에서 제작됐다.

그러나 만드는 과정은 순탄치 않았다. 행복이란 개념이 지극히 주관적이고 철학적인 만큼, 중학생이 소화하기에 적합한 형식을 찾기가 쉽지 않았다. 행복에 대한 개념 정의 자체가 어려웠다.

연구팀은 행복 관련 심리학 연구가 활성화된 미국·유럽·일본의 관련 서적 30여 권을 놓고 팀원 7명과 자문교수 2명이 수십 차례의 회의를 거듭했다. 이를 통해 '행복한 삶'을 구성하는 10가지 원리를 선정했다. "행복의 색깔은 저마다 다르다" "관점을 바꾸면 행복이 보인다" "몰입하면 행복하다" 등 선정된 원리 10개를 각각 별도의 단원으로 편성한 뒤 이를 쉽게 익힐 수 있도록 수필집·우화·신문기사 등에 등장하는 이야기를 배치했다.

각 단원 도입부에는 "친한 친구와 자꾸 비교하게 돼요" "여드름 때문에 고민이에요" 등 실제 청소년 상담 사례가 나온다. 이론 학습과 함께 '행복지수 측정' '나만의 행복일기' '내 몸 살피기' '꿈꾸는 보드판' 등 학생들이 직접 해볼 수 있는 활동을 제시, 자연스럽게 행복한 삶을 성찰하도록 유도했다.

행위규범을 나열하는 도덕 교과서와 달리 행복 교과서는 학생들이 저마다 다른 자신만의 행복을 탐색해보게끔 구성했다.

연구팀은 "도덕 과목에 정답이 있다면 행복 과목에는 정답이 없고 선택만 있을 뿐"이라고 설명했다. 연구팀은 이렇게 만들어진 견본 6종을 놓고 서울 전농중학교에서 읽혀본 뒤 이 과정에서 나온 중학생들의 의견을 반영했다.

문용린 교수는 "우리 사회에는 '돈이 많거나 지위가 높아야 행복하다'는 식의 시각이 팽배해 있지만 행복은 패러다임의 문제라는 것이 심리학계의 많은 연구를 통해 밝혀졌다"면서 "어린 시절부터 긍정적 인생관을 기르는 훈련과 연습이 필요하다"고 말했다.

'행복 교과서'의 10대 원리

1. 행복의 색깔은 저마다 다르다.
2. 감사하면 행복해진다.
3. 관점을 바꾸면 행복이 보인다.
4. 꿈이 있으면 행복하다.
5. 몰입하면 행복하다.
6. 행복은 노력으로 만들어진다.
7. 가까운 곳에 행복이 있다.
8. 행복은 나눌수록 커진다.
9. 타인의 행복을 존중할수록 행복하다.
10. 행복도 연습이 필요하다.

출처: 2010년 10월 1일자 경향신문 일부 발췌
정환보 기자

방과후 활동이 스트레스 해소에 도움이 돼요.

핀란드 학생들은 학교 공부가 끝나면 학교 내의 방과후 클럽이나 지역사회의 다양한 스포츠 클럽, 문화센터나 아트센터 등에서 다양한 취미생활을 즐기고 특기를 기른다. 핀란드의 방과후 활동은 도서관, 지자체 문화센터, 학교(사설기관 위탁운영)에서 운영하고 있는데, 정규교육과정과 연계된 특색 프로그램을 개설하고 있어 학과공부는 물론 스트레스 해소에도 도움이 된다. 청소년들이 여가시간을 보낼 곳이 부족한 우리나라에서는 부러워할 만한 부분이 아닌가 생각된다. 또한 스웨덴은 방과후 활동으로, 레저타임센터를 대표적으로 들 수 있다. 레저타임센터에는 대학에서 '여가 교육'을 전공한 교사들이 지도하며, 레저타임센터(6-9세)와 개방레저타임센터(10-12세)로 운영된다. 여기에서의 정규 학교 커리큘럼 적용은 아동의 경험, 필요, 관심에 따라 달라지며, 놀이와 창작활동(야외 및 실내)의 주요활동이고, 학교의 설립가치를 바탕으로 한 활동도 포함하고 있다.

북유럽의 복지국가로 대표적인 스웨덴과 핀란드 교육의 핵심은 시험 성적 올리기가 아니라 '깊이 있는 학습'이라는 점이다. 이 나라는 대학입학시험 이외에는 전국학교를 대상으로 한 시험이 없어 학생들이 성적 때문에 스트레스를 받는 일은 없다고 한다. 작은 나라인 핀란드가 세계에서 앞설 수 있는 힘은 바로 교육에서 나온다.

스트레스 체크리스트(학생용)

번호	문 항	O	X
1	가족들 간에 늘 화목하지 못해 매우 불안하다.		
2	집안형편 때문에 원하는 것을 갖지 못해 불만이다.		
3	시험 전-후에는 성적이 어떻게 나올지 초조하다.		
4	시험성적을 반 친구들과 비교하는 것이 두렵다.		
5	주변 청소년들의 잦은 탈선행위가 두렵다.		
6	부모님의 무관심으로 나의 생활은 무의미하다.		
7	수업 시간은 나에게 별 의미가 없는 것 같다.		
8	공부를 열심히 해도 성적이 좋지 않아 실망스럽다.		
9	주변 사람들의 그릇된 행동이 매우 실망스럽다.		
10	부모님의 간섭 때문에 행동하는 데 갈등이 심하다.		
11	수업 시간에 선생님께서 질문하시면 당황한다.		
12	시험성적과 공부만을 강요하는 것이 부담스럽다.		
13	부모님이 능력 이상의 시험성적을 기대하셔서 부담된다.		
14	주변에서 학력과 학벌을 내세우는 것이 부담이다.		

체크리스트 문항을 읽어보면서 스스로 나의 스트레스는 무엇인지 생각해 보세요.
1, 2, 6, 10, 13 문항에 체크를 했다면 가족에 의한 스트레스를 많이 받는 것이고, 3, 4, 7, 8, 11, 12 문항에 체크를 했다면 학교에 의한 스트레스, 5, 9, 14 문항에 체크를 했다면 주변 상황에 스트레스를 받는다고 볼 수 있습니다. 간략한 체크리스트이므로 나의 경향을 체크해보고, 스트레스 원인을 찾아 해결방법을 생각해 보도록 합니다.

스트레스 체크리스트(학부모용)

번호	문 항	O	X
1	나는 칭찬보다는 꾸중을 할 때가 많다.		
2	나는 내가 기분 나쁠 때 자녀에게 풀 때가 있다.		
3	나는 자녀가 나를 사랑한다고 생각한다.		
4	내가 자녀를 사랑하는 것을 자녀가 알고 있다.		
5	나는 자녀의 성적에 대한 기대가 높다.		
6	나는 자녀가 잘할 것이라 믿는다.		
7	나는 자녀를 자녀의 친구들과 자주 비교한다.		
8	나는 잔소리를 많이 하는 편이다.		
9	자녀의 시험 때가 되면 나도 스트레스를 받는다.		
10	나는 자녀의 성적이나 학교생활에 별로 관심이 없다.		

1, 2, 5, 7, 8, 9번은 O를 1점으로, X는 0점으로, 3, 4, 6, 10번은 X를 1점으로 O를 0점으로 계산하세요. 점수가 높을수록 스트레스를 많이 주는 부모라 할 수 있습니다. 5점 이상이라면 내가 어떤 부분에서 스트레스를 많이 주는지 생각해 보도록 하세요.

0	1	2	3	4	5	6	7	8	9	10	총 점

Chapter 05

나의 공부 스타일을 찾아라!

「OECD 학업성취도 국제비교연구 보고서('06)」에 의하면 우리나라 학생들의 읽기, 수학 영역은 최상위권을 기록했으나 자기주도학습능력에서는 OECD 국가 중 최하위권을 기록하였으며, 「교육부 학업성취도 평가('05)」에서는 자기주도학습능력의 상위수준 비율이 학년이 올라갈수록 떨어지는 양상을 보여주었다. 교육과학기술부에서 공개한 초등학교 3학년 국가 수준 기초학력 진단평가 결과에서 다른 사람(과외나 학원)의 도움을 받는 학생보다는 혼자 숙제를 해결하는 학생의 기초학력 점수가 높게 나타난 것처럼 자기주도학습의 요구가 절실해지고 있다.

01 | 효과적인 공부를 위한 자기주도학습

자기주도학습(self-regulated learning)이란 인지/초인지적 측면과 동기적 측면 그리고 행동적 측면에서 학습자가 스스로 학습의 주체가 되어 적극적으로 참여하고 학습 과정을 선택, 통제, 창조하는 자기조절학습으로 정의할 수 있다(송인섭, 2006 등). 자기주도학습은 학습자가 스스로 학습을 주도적으로 이끌어 가는 것을 의미하며, 학습이 자율적인 조절과 통제하에 이루어질 때 그 효과도 긍정적이고 극대화 된다. 그러나 이러한 자기주도학습에 미치는 영향이 다양한 만큼 어떠한 요인에 중점을 두느냐에 따라 자기주도학습에 대한 정의 또한 다양해진다.

자기 스스로 학습을 선택하고 실행하는 것이라는 포괄적 의미에서 자기주도학습을 지칭하는 용어는 매우 다양하며 학자들마다 여러 가지 견해를 가지고 있다. 즉, 자기주도적 학습(self-directed learnin), 자기계획학습(self-planned learning), 독립학습(independent study), 자기교수(self-teaching), 개별학습(individual learning), 탐구학습(inquiry learning), 자율학습(autonomous learning), 자기교육(self education), 그리고 자기조절학습 측면에서의 자기주도학습(self-regulated learning) 등의 다양한 용어가 사용되고 있다(봉미미, 2006 등). 1980년대 이후 자기조절학습이론(theory of self-regulated learning)이 대두되면서 자기주도학습은 '자율적이고 능동적인 참여학습'으로 많은 관심의 대상이 되었다. 양명희와 황정규(2002)는 자기주도학습이 인지적, 정의적, 행동적 요인이 다면적으로 구성되어 있음을 연구보고 하였고, 송인섭과 정미경(1999)도 자기조절학습이라는 구인이 내적 동기, 상위 인지적 실행통제 과정, 학습전략의 요인들이 통합되어 시너지 효과를 갖는 것으로 밝히고 있다. 또한 이들은 학업에 대한 내재적 가치가 자아효능감에 영향을 미치고 이것을 매개로 하여 학업성취에 더 유의한 영향을 미치고 있다고 보고하였다.

자기주도학습의 핵심
학습 목표설정 → 학습자원 확인 → 학습전략 선택 → 학습결과 평가

자기주도학습의 핵심은 타인의 조력 여부와 관계없이 개별학습자가 주도권을 가지는 학습 과정으로서 학습자는 스스로 학습 목표를 설정하고, 학습

그리기 활동에 열중인 학생들

자원을 확인하며, 중요한 학습 전략을 선택하고, 학습 결과를 평가하는 일련의 작업을 수행하는 것이다. 즉, 학습자 스스로가 자신에 맞는 개별학습을 발견하고 스스로 수행하는 '자기 학습'이다. 이러한 자기주도학습의 목적은 자기조절을 통한 학습자의 학업성취도 향상이다. 학습자에게 지식과 기술을 제공하여 학습의 경험을 통해 의도적으로 인간의 인지능력을 길러주려고 하는데 이를 성취라고 한다. 특히 교과 학습 과정에서는 학습자의 현재의 지적 수준에서 출발하여 더 높은 수준으로의 지식과 기술을 습득하고 숙달하는 데 그 목적이 있다.

Brookfield(1985)는 자기주도학습에 대한 용어의 다양성은 자기주도학습 분야의 여러 현상을 설명하기 위하여 사용된다고 보고하였다. 가장 일관되게 사용한 용어인 자기주도학습은 개인 학습만을 의미하는 것이 아니라 교사(teacher), 개인교사(tutor), 지도자(mentor), 동료(peer), 교재, 교육기관 등 매우 다양한 협조자들의 도움하에 이루어지는 것이며, 학습자 스스로 학습 전체의 계획, 실행 및 평가 등의 책임을 지는 학습이다(Caffarella & O' Donnell, 1987). 또한 자기주도학습의 의미를 교육의 목표로 보는 관점(Brookfield, 1985), 학습의 과정으로 보는 관점(Knowless, 1975; Long, 1992), 교육의 목표인 동시에 학습의 과정이라고 보는 관점(Candy, 1991)이 있다.

첫째, 교육의 목표로 보는 관점의 자기주도학습이란 자아실현을 도모하는 과정에 있는 학습자의 특징적 학습 방식으로 학습 과정의 결과로써 기대되는 자기주도학습능력이나 학습자 내부의 의식변화이다(Brookfield, 1985).

둘째, 학습의 과정으로 보는 관점은 학습자가 교사나 혹은 외부인의 도움에 관계없이 스스로 학습의 주도권을 가지고 학습의 필요성을 진단하는 일부터 학습의 목표 설정, 적절한 학습전략을 선택하여 적용 및 결과를 평가하는 과정이다(Knowless, 1975). 이는 학습자가 주도권을 갖는 과정으로 형식적, 비형식적 상황 모두를 포함하고 있음을 말해준다. Long(1992)은 자기주도학습을 "스스로의 통제와 관리에 의하여 어떤 학습 상황에 임하고 집중하며 의문점을 가지고 비교하며 대조하는 일과 같은 메타 인지적 행동(meta-cognitive behavior)의 과정"으로 제시하고 있다.

셋째, 교육의 목표인 동시에 학습의 과정으로 보는 관점에서 자기주도학습이란 학습자가 자신의 학습에 자기주도적으로 참여하고 계획하며 실천하는 선택, 결정 등을 자율적으로 할 수 있는 자기관리능력의 향상과 교수－학습 과정에서 학습자에게 주도권을 부여함으로써 훈련될 수 있다는 과정의 의미를 포함하고 있다(Candy, 1991). Long(1992)은 여러 학자들의 의견을 종합하여 자기주도학습의 개념을 "강력한 타인의 지도를 다소 받거나 혹은 전혀 받지 않거나 간에 학습자 스스로의 통제와 관리에 의하여 어떤 학습에 임하고 집중하며 의문을 제기하고 비교하며 대조하는 일련의 메타인지(초인지)적인 행동을 수행하는 인지적 과정"이라고 정의하였다.

위와 같이 Knowles(1975), Long(1992) 등의 자기주도학습에 대한 정의를 살펴보면, 자기주도학습이란 '학습자가 학습 상황에서 자기 스스로 또는 학습조력자들과의 상호작용을 통해 자신의 학습을 주도하고 관리하며 이루어지는 학습'이라 할 수 있다. 즉, 학습자가 학습 과정 전체를 주도하여 자기학습의 목적과 수단에 대한 타인의 통제로부터 독립성을 지니고 학습의 의미 이해와 학습을 통해서 실현되는 가치와 관련되는 학습을 스스로 선택할 수 있는 자율성을 내포하고 있다. 이상의 선행 연구들을 통해 학자들마다 자기주도학습에 대한 관점이 차이가 있음을 알 수 있다.

자기주도학습과 관련된 선행연구 결과를 종합해 보면, 자기주도적으로 학습하는 학습자는 자아효능감을 가지고 있으며 내재적으로 동기화되어 학습에 자율적이고 적극적으로 흥미를 가지고 참여한다. 또한 숙달목표 지향성을 통해 새로운 내용을 학습하는 것을 목표로 하고 학업에서의 실패를 회피하려는 경향이 적으며 학교 학습에 대해 성공적으로 적응할 수 있다는 긍정적인 자아개념을 가지고 있다. 그리고 이러한 요인들은 상호작용하여 시너지효과를 나타내며 학습자의 학업성취도에도 많은 영향을 미친다.

뒤에 소개될 연구에서는 '자기주도학습 척도'를 개발하여 사용하였다. 자기주도학습(self-regulated learning)이란 "학습자가 주어진 상황에서 학습에 대한 주체성과 초인지를 갖고 성취지향성과 내재적 동기화로 과제를 해결하려는 노력의 정도"라고 개념화하였다(양애경, 2007 제작). 여기에서 개념화한 자기주도학습의 4개 하위요인을 표로 소개한다. 하위요인을 알면 자기주도학습의 개념을 보다 잘 이해할 수 있기 때문이다.

자기주도학습의 4개 하위요인의 개념을 밝히면 다음과 같다.

하위요인	설 명
주체성(초인지)	주체성은 주어진 학습상항에서 학습자원을 활용하여 자발적으로 학습을 계획하고 실행 및 조절하며 학습을 스스로 평가하는 정도이다.
성취지향성	성취지향은 주어진 학습 상황에서 호기심과 성취감으로 문제해결을 하고 성공감에 대한 확신과 성취감에 대한 자부심, 독립성 및 신념의 정도이다.
내재적 동기	주어진 학습 상황에서 탐구심, 흥미, 요구 등이 내재화되어 긍정적으로 노력을 투입하고자 하는 신념과 의욕의 정도이다.
과제해결력	주어진 학습 상황에서 목표를 정하고 학습의지를 갖고 적극적이고 새로운 방식으로 과제해결을 잘 수행하려는 능력의 정도이다.

02 | 스스로 하는 공부가 진짜 공부다

자기주도학습(self-regulated learning)은 학습자의 요구를 기반으로 학습이 이루어진다는 측면을 고려하면 매우 의미 있는 교수-과정이라 할 수 있다. 게다가 학업성취도까지 높일 수 있다면 매우 중요하게 다루어져야 할 것이다. 자기주도학습과 학업성취도 간의 관계를 살펴보면, 자기주도학습이 교사 주도 학습에 비해 학업성취도에 효과적이라는 연구가 있다. 자기주도학습자는 초인지적 측면에서 자기조절을 하며, 계획과 목표를 세우거나 조직화하고, 그 과정을 모니터링하며, 학습 과정 중에 여러 시점에서 자기를 평가한다. 자기주도학습은 지식이나 기술습득에 있어서 학습자가 개인적인 책임을 갖게 되는 것으로(Zimmerman & Schunk, 1989) 이는 교육의 궁극적 목표라고 할 수 있으며, 여기에서는 무엇보다도 학습자가 자신의 능력과 학습 향상을 위한 적극적인 참여자가 된다는 것이 중요하다. 이것은 자기주도학습이 학습자의 요구를 바탕으로 출발함으로써 학습자의 내재적 동기를 촉진하는 효과가 있고, 학습 진행과 결과에 대한 평가를 학습자가 일차적 책임을 지도록 하는 구조를 가짐으로써 학습자의 적극적인 학습참여 요구를 자극하며, 개별 학습자의 능력과 특성에 적합한 수업진행 방식을 채택하기 때문이다(송인섭, 2006).

학교 학습에서 학업성취도와 관련하여 가장 큰 설명력을 갖는 변인은 인지적·정의적 특성이다. 학습자의 인지적 특성은 교수-학습 차원에서 학습의 효과를 향상시키는 데 있어 매우 중요하다. 학습자 개인의 지적 능력과 특성에 적절한 교수-학습이 투입될 때 학습효과가 극대화될 수 있다. 또한 교수-학습 과정에서 자신의 학습 과정을 자신이 스스로 통제함으로써 학습에 대한 관찰, 점검이 이루어지고 자기의 학습 페이스에 맞는 목표를 설정하고 이를 달성하는 노력이 스스로에 의해 이루어지고 자기 보상을 통한 동기화가 이루어진다. 이러한 자기주도학습 능력의 향상을 통해 학습자는 스스로 자신의 학습에 주도권을 갖고 자신의 학습요구를 진단하고, 자신의 학습 목표를 결정하며, 학습에 필요한 인적·물적 자원을 확보하고 적합한 학습전략을 선택·실행하여 성취한 학습결과를 스스로 평가하는 과정과 활동을 통하여 학습의 극대화를 가져오게 하는 것이다(황정규·이돈희·김신일, 2003).

성공적인 학습자로서 문제해결력을 기르기 위해서는 자기주도학습능력을 갖추고 능동적으로 기능할 수 있어야 한다. 이러한 자기주도학습은 자신의 적성을 찾고 자신의 가치를 높이며, 끊임없는 변화와 학습을 이루어 가는 과정에서 개인은 자신의 잠재적 능력을 개발하여 자아실현을 달성하고 행복한 삶을 영위할 수 있다.

1980년대 중반 이후 자기조절학습의 개념과 관련된 다양한 요인들이 과연 학업성취도를 얼마나 설명할 수 있는가에 관련된 연구들이 우리나라에서도 활발히 수행되어 왔다. 자기주도학습의 개념에 대한 다양한 관점이 존재하고 학업성취도 설명변인에 관하여 상이한 연구결과가 발표되었지만 이를 종합해보면, 자기주도학습은 학습자 스스로 주체가 되어 학습의 과정을 선택, 통제, 창조하는 자기조절학습이 학업성취도에 정적인 영향을 미치고 있음이 연구되었다(송인섭, 2006 등).

그리고 자기주도학습과 학업성취도 간의 관계를 밝힌 선행연구들을 살펴보면, 학업성취도가 높은 학습자의 자기주도학습 준비도가 학업성취도가 낮은 학생에 비해 높다는 이채식의 연구가 있고, 자기주도학습이 학업성취도에 효과적임을 나타낸 연구들(박선미, 2006 등)이 있다. 박선미(2006)는 고등학교 학습자 변인의 자기주도학습에 대한 설명력을 분석함으로써 자기주도학습이 학업성취도에 매우 긍정적인 영향을 미치고 있음을 보고

하였고, 손종식(1994)은 초등학생과 중학생을 대상으로 한 연구에서 자기주도학습 기능이 수준과 학업성취도 간에 유의한 상관이 있음을 밝히고 있다. 정종진(1995)은 초등학교 6학년 아동들에게 자기주도학습 훈련을 실시한 결과 통제집단에 비해 수학과에 대한 학업성취가 높았음을 보고하였다.

Pintrich and De Groot(1990)와 Zimmerman and Schunk(1989)은 자기주도학습태도를 형성한 요인 중 동기적 요인과 인지적 요인은 각각 학업성취도에 영향을 주는 것이 아니라 두 요인이 상호작용을 통해 보다 통합된 효과를 가지고 학업성취도에 영향을 미친다고 하였다. 자기주도적 학습자는 자신의 학습수준과 시발행동에 대한 이해를 바탕으로 학습 목표를 달성하기 위해 자신의 어떤 인지전략을 사용하고 그 과정에서 어떤 변인을 통제하여야 하는지에 대한 인식을 하므로 학습에 대해 잘 동기화된다. 즉 자신의 역량에 맞게 새로운 과제해결에 대한 성취감을 갖기 때문에 학습에 대한 내재적 동기화가 되고 자기효능감을 갖게 되어 학습 성취에 긍정적인 효과를 주게 된다.

또한 자기주도학습과 학업성취도 간의 관계를 살펴보면, 양명희・황정규(2002)는 자기주도적 학습이 인지적, 정의적, 행동적 요인이 다면적으로 구성되어 있음을 확인하였으며, 자기주도학습이 교사주도학습에 비해 학업성취도에 효과적이었다.

Long(1992)의 메타인지를 기초로 하여 "자기주도학습 척도"를 연구자가 개발하여 사용하였다. 자기주도학습(sdlf-regulated learning)이란 "학습자가 주어진 상황에서 학습에 대한 주체성과 초인지를 갖고 성취지향성과 내재적 동기화로 과제를 해결하려는 노력의 정도"라고 개념화하였다(양애경, 2007 제작). 이러한 학습자들의 자기주도학습과 학업성취도 간의 관계를 분석하였다.

자기주도학습의 4개 하위요인의 개념을 밝히면 다음과 같다(양애경, 2007).

- 주체성(초인지) : 주체성은 주어진 학습상황에서 학습자원을 활용하여 자발적으로 학습을 계획하고 실행 및 조절하며 학습을 스스로 평가하는 정도이다.
- 성취지향성 : 성취지향은 주어진 학습상황에서 호기심과 성취감으로 문제해결을 하고 성공감에 대한 확실과 성취감에 대한 자부심, 독립성 및 신념의 정도이다.
- 내재적 동기 : 주어진 학습상황에서 탐구심, 흥미, 요구 등이 내재화되어 긍정적으로 노력을 투입하고자 하는 신념과 의욕의 정도이다.
- 과제해결력 : 주어진 학습상황에서 목표를 정하고 학습의지를 갖고 적극적이고 새로운 방식으로 과제해결을 잘 수행하려는 능력의 정도이다.

이상의 선행연구 결과를 종합해보면, 자기주도학습은 학업성취도에 긍정적인 영향을 미치며, 학습자들은 자기주도학습을 통해 학습에 대한 책임감과 내적 강화가 스스로에 의해 이루어지기 때문에, 학교 학습에 대한 애착과 참여 동기와 적극성이 증진되어 학업성취도가 향상됨을 예측할 수 있다.

'내 공부 스타일' 찾아 자기주도학습의 길 열어

중학교 2학년 K양은 초등학교 5학년 때까지는 우등생이었지만, 6학년 때 학원에 다니면서 학습 의욕이 더 떨어지고 말았다. 선행학습 위주의 학원은 혼자 스스로 공부해야 하는 스타일인 K양에게는 맞지 않았던 것. 오히려 학습에 대한 흥미가 떨어지고, 잘하고 싶은 욕심은 있지만 오르지 않는 성적 때문에 학업 스트레스가 극에 달했다.

그러던 중 중학교 입학 후 다시 마음을 다잡아 자신에게 맞는 책을 찾아 공부하기로 마음먹었다. 개념 요약정리가 잘되어 있으면서 사진, 그래프 등과 같은 자료가 풍부한 설명 중심의 문제집과 문제위주로 구성된 문제집을 각각 한 권씩 샀다. 수업시간에는 수업에 집중했으며 집에 와서는 문제집으로 복습을 했다. 이렇게 자신의 스타일을 찾아 공부한 결과 중학교 1학년 1학기 중간고사에서 반에서 5등, 전교 48등으로 성적을 올렸다. 이제 남은 건 상대적으로 취약한 수학. 수학 성적을 올리기 위해 매일 아침 그날 공부할 과목의 단원명과 풀어야 할 문제집 쪽수 등을 꼼꼼히 적었다. 그리고 목표 학습량을 반드시 채우고 나서야 잠이 들었다. 이렇게 자신의 스타일에 맞는 공부법을 찾아 자신이 스스로 공부계획을 짜 실천한 결과, K양은 이제 반 1등을 넘어 외국어고 입시를 목표로 공부하고 있다.

자기주도학습과 학습동기는 톱니바퀴

공부에는 '왕도(王道)'가 없다. 왜, 무엇 때문에 공부를 해야 하는지 학생 자신이 체득해야 한다. 한국과학영재학교를 수석 졸업하고 미국 프린스턴 대학에 진학한 김현근 씨는 자기주도적 학습에 관한 한 모범 사례다. IMF 외환위기로 집안 형편이 어려워졌어도, 초등학교 5학년 때 읽은 책 한 권 때문에 외국 유학의 꿈을 포기하지 않았다. 그는 '가난하다고 꿈조차 가난할 수는 없다'는 제목으로 책을 펴내 수많은 젊은이들에게 용기를 심어주었다. 반기문 유엔 사무총장도 '지금 자면 꿈을 꾸지만 지금 공부하면 꿈을 이룬다'고 했다. 꿈이야말로 험한 세상을 헤쳐 나가도록 하는 에너지원이다.

(2008년 10월 22일 부산일보에서 발췌)

위에서 알 수 있듯, 자기주도적 학습을 하기 위해서는 '꿈' 이라는 학습동기가 반드시 필요하다. 학습동기가 바탕이 되어야 자기주도학습을 해나갈 수 있는 힘이 생기는 것이다. 학습동기와 자기주도학습이 떼려야 뗄 수 없는 관계에 있다는 것은 명백한 사실이며, 이는 연구할 가치가 있다는 것을 증명하는 것이다.

개인배경과 학업성취도

학업성취도를 높이기 위해서는 앞에서 말한 감성지능, 학습동기, 학습자 스트레스, 자기주도학습이 매우 중요하게 작용하는 것이 사실이다. 여기에서 짚고 넘어가야 할 것은 학습자의 개인 배경, 특성이다. 국내 · 외의 선행연구 결과들을 중심으로 이 책의 연구에서는 연구대상 집단별(성별, 종교의 유 · 무, 부모의 맞벌이 유 · 무)로 분석할 수 있는가를 살펴보았다.

우선, 남녀 집단별 학교 학습 간의 관계를 살펴보면, 학습자들의 정의적 특성들은 성별 간에 어느 집단이 높고 낮든 의미 있는 차이가 있다(유효현, 2005). 그리고 정의적 특성 중 개인의 자기 주도능력은 성별과 밀접한 관련이 있으며 자기조절, 만족감 등 개인의 성취결과는 성별 간에 차이가 있다(Black, 1998).

종교의 유 · 무 집단별 학교 학습 간의 관계를 보면, 감성지능, 학습동기, 성격, 자아개념이 어느 집단이 높고 낮든 의미 있는 차이가 나타났다(조민영, 2005; 김태은, 2003; 양애경 · 박형근 · 정민아, 2006).

이러한 연구결과로 보아 종교가 개인의 정의적 특성에 많은 영향을 미친다는 정보를 의미 있게 고려할 필요가 있다.

최근 사회적 관심으로 떠오른 부모의 맞벌이와 부모의 맞벌이 유 · 무 집단별 학교 학습 간의 관계를 보면, 여성취업률의 증가와 더불어 자녀를 둔 어머니들이 직업을 갖는 비율이 과거에 비해 큰 비율로 증가하고 있는 추세이고, 모의 직업과 관련하여 여러 선행연구들이(김일혁, 2006 외) 보고되었다. Rosenthal과 Hansen은 1992년에 직업을 가지고 있는 어머니와 직업을 가지고 있지 않은 어머니를 둔 7-9학년 초기 청소년들 간의 자아존중감에 차이가 있는지를 연구한 결과, 이들 두 집단 간에 유의한 차이가 있다고 보고하였다(주동범, 2002). 또한 백수정의 연구에서는 정서조절 및 활용과 감성지능 전체에서 비취업모 아동이 취업모의 아동보다 높게 나타난 반면, 장명순의 연구에서는 비취업모의 아동이 더 감성지능이 높게 나타난 것으로 보고되었다(양애경 · 박형근 · 정민아, 2006).

박혜령(1986)은 어머니의 취업에 대한 태도가 안정되면 취업한 상태도 비취업한 상태만큼 부모－자녀의 관계에 있어서 안정성을 가져온다고 하였고, 김숙령(1986)은 직업을 가진 어머니의 자녀가 사려성과 사회성이 낮은 경향을 나타냈으나 그것은 어머니의 양육태도의 영향으로 분석하고 있다. 즉, 취업자체보다는 어머니의 양육태도, 직업에 대한 만족도, 자녀의 교육지원 정도 등의 영향을 더 많이 받는 것으로 보고하였다. 따라서 본 연구에서는 중 · 고등학교 학습자들의 대상 전체, 성별, 종교의 유 · 무, 부모의 맞벌이 유 · 무 집단별로 적용하여 분석하였다.

자기주도학습 체크리스트(학생용)

번호	문 항	O	X
1	나는 학교 학습에 대해 자신감을 갖고 있다.		
2	나는 흥미 있는 관심 분야에 대해 정보를 찾고 분석할 수 있다.		
3	나만의 공부법이 있다.		
4	나는 학습을 할 때 정신집중을 잘한다.		
5	나는 학습결과를 생각하며 행동하는 편이다.		
6	나는 학습시간을 계획하고 시간을 정하여 관리하는 편이다.		
7	나는 시작한 일은 힘들어도 포기하지 않고 끝까지 마무리한다.		
8	학원이나 과외의 선택은 내가 스스로 필요에 의해 결정한다.		
9	계속 공부해 나가는 것에 대해 자신감이 있다.		
10	일단 세운 계획은 충실히 실천하려고 한다.		
11	달성 가능한 분량의 공부계획을 세운다.		
12	지금 해야 할 공부가 명확하다.		
13	나는 언제, 무엇을, 어떻게 공부할지 스스로 결정권을 갖고 있다.		
14	내가 열심히 공부한다면 앞으로 성공할 것이라고 확신한다.		
15	정신적인 슬럼프에 빠질 때도 있지만 잘 이겨낸다.		

공부에 대한 자기주도학습 진단은 현재 자기의 공부 이유와 태도, 방법을 정확히 돌아보고자 함을 목표로 합니다. 학생들이 학원이나 과외에 일방적으로 의존하는 생활을 하면서도 정작 공부의 주체가 되지 못하고 성적을 향상시키지 못한다는 이야기들을 많이 합니다. O에 체크를 많이 할수록 자기주도학습능력을 잘 발휘하고 있는 것으로 볼 수 있습니다. 정확한 진단을 통해서 내 공부법을 돌아보고 변화의 노력을 기하기를 바랍니다.

자기주도학습 체크리스트(학부모용)

번호	문 항	O	X
1	나는 자녀가 공부할 때 지켜보고 있거나 밖에서 지키고 있다.		
2	나는 자녀가 꼭 학원에서 배워야 한다고 생각한다.		
3	나는 자녀의 학습 스타일을 잘 모른다.		
4	나는 자녀의 일을 대신 해주고 싶을 때가 많다.		
5	나는 자녀의 스케줄을 체크한다.		
6	나는 자녀가 스스로 공부하기까지 기다리기가 힘들다.		
7	나는 자녀의 교과내용을 잘 모른다.		
8	나는 자녀의 학습 환경을 잘 갖추어주기 위해 노력하지 않는다.		
9	나는 자녀가 하는 것이 못마땅해 다시 할 때가 많다.		
10	나는 자녀가 내 간섭 없이는 무언가를 제대로 할 수 없을 것 같다.		

X를 많이 체크할수록 자기주도학습을 돕는 부모라 할 수 있습니다. 자신의 행동을 돌아보고 자녀가 자신의 공부 방법을 터득하고 자기주도학습을 할 수 있도록 도와주도록 합시다.

제 02 부

감·동·학·습 실천하기

학업성취도를 높이는

감성지능

학습**동**기

학습자스트레스

자기주도학**습**

앞서 설명한 감·동·학·습은 이론만 알아서는 소용이 없다. 학업성취도를 높이기 위해서는 자신만의 공부법을 터득해 연습하고 적용해야 한다. 2부에서는 가정과 학교에서 실천할 수 있는 구체적이고 실제적인 프로그램을 제시한다. 학부모와 교사는 학생을 지도할 때, 학생들은 스스로의 공부법을 더 효율적으로 바꾸고 싶을 때 참고하도록 하자.

Chapter 06

학업성취도, 어떻게 높일까?

- 학업성취도 향상 프로젝트 -

스위스 국제경영개발원(IMP)에서 발표한 2010년 세계경쟁력 보고서(World Competitiveness Yearbook 2010)에 의하면, 전체 국가별(58개국) 순위 중 우리나라는 중등교사 학생 수와 초등교사 1인당 학생 수는 51위지만, 고등교육 이수율 2위, 중등학교 등록률 8위로 높은 순위를 기록했다. 이는 우리나라의 현실적인 교육 여건은 좋지 않다 하더라도 교육열과 교육 수준은 높다는 것을 보여준다. 다시 말하면 교육 여건만 더 잘 갖추어진다면 더 나은 교육효과를 볼 수 있다는 뜻이기도 하다. 교육여건이란 물리적인 것을 말할 수도 있고 정의적인 것을 말할 수도 있다. 예를 들면 감성지능, 학습동기 등과 같은 것이다.

감성지능, 학습동기, 학습자 스트레스, 자기주도학습, 이 네 가지가 주목받게 된 이유는 아마도 변화가능성 때문일 것이다. 환경변화나 프로그램 등 적극적인 해결책을 통해 감성지능이 개발되고, 학습동기가 유발될 수 있다. 이와 동시에 스트레스 대처법을 알게 되고, 자기주도학습법을 익힐 수 있다. 이 장에서는 각각에 도움이 되는 프로그램을 소개하고자 한다. 이 장에 소개된 프로그램은 서울시교육청 초·중·고 자기주도학습 장학자료에서 일부 발췌, 수정, 보완하여 제시한 것이다. 어떤 프로그램이든 가정과 학교가 연계될 때 최대의 효과를 발휘할 수 있기 때문에 가정에서 할 수 있는 프로그램과 학교에서 시행하고 있는 프로그램을 제시하였다.

01 | 감성지능을 높이려면

감성지능이 널리 확산된 이유 중의 하나는 감성지능은 타고난 천재가 아니어도 배우고 개발할 수 있는 능력이라는 연구결과 때문이다. 또한 자신과 타인의 감정을 분명하게 인식하고 조절할 줄 아는 사람은 그렇지 않은 사람에 비해 더욱 행복을 느끼고 충만한 삶을 산다는 연구결과도 있다. 이는 감성지능을 개발함으로써 인간이 더욱 행복하고 풍부한 삶을 살 수 있으리라는 기대를 유발시켰다고 볼 수 있다. 또한 Barchard(2003)는 감성지능이 학문적 영역에서의 성공을 예측하는 변인으로도 타당하다고 하였다. 이런 연구결과들을 보았을 때 감성지능을 개발시키는 것은 개인의 행복한 삶과 직결되며 학업성취도를 높이는 데에도 큰 도움이 된다는 것을 알 수 있을 것이다.

1) 가정에서 감성지능을 높이려면

감성교육이 가정에서 이루어지기 위해서는 부모·자녀 간의 상호작용이 가장 중요하다. 물론 자녀들은 기질을 가지고 태어나지만 그 기질을 넘어서 자녀를 변화시키는 것은 부모와의 상호작용 과정을 통해서다. 바꾸어 말하면 부모와의 상호작용 과정이 어떠냐에 따라 감성지능이 달라지는 것이다. 부모는 자녀가 자신의 정서 상태를 인식하고 그 정서 상태를 명명하여 표현하도록 도와주어야 한다. 또한 자녀의 감정을 존중해 주고 조절할 수 있도록 해 주어야 한다.

부모·자녀관계에서 가장 중요한 것은 첫째, 애착이다. 애착형성이 안정적으로 이루어지면 자신들이 어려움에 처해 있을 때 도와줄 외부체계가 존재한다는 사실을 알게 된다. 이는 자신의 존재에 대해 긍정적인 생각을 가지게 되고, 긍정적인 정서를 가지고 감정이입, 감정조절을 잘할 수 있도록 돕는다. 하지만 애착형성이 불안정하게 되면 자신을 도와줄 외부체계가 있다는 확신이 없기 때문에 자신의 정서표현을 억제하거나 예민하게 반응할 수밖에 없다. 이렇게 되면 자신이 또래관계나 다른 대인관계에서도 거절될 거라고 생각하게 되기 때문에 공격적이고 적대적이며, 충동적으로 행동할 수 있다. 안정애착을 형성한 아동은 타인에게 보다 공감적이고 친사회적인 행동을 많이 하며, 이들로부터 적극적으로 도움을 추구하는 행동을 배우는 반면, 회피 애착 아동은 정서표현과 조절에서 억제를 배우게 된다. 그러므로 사회와 처음 유대관계를 맺게 되는 부모·자녀관계가 이후의 감성지능에도 중요한 역할을 미친다는 것을 꼭 알아두어야 할 것이다. 둘째, 양육태도이다. 어머니가 어려운 과제수행을 하는 자녀에게 격려해주고 용기를 북돋워 주면 자녀는 보다 열정적으로 과제에 임하게 되고 인내심을 가지고 하게 된다. 또한 스트레스 상황에서 자녀가 정서를 표현할 때 부모가 격려해 주면 자녀는 사회정서적 대처능력이 향상된다. 어머니의 정서표현 수용태도나 양육행동은 자녀의 정서조절에 영향을 미치며, 아버지의 정서표현 수용태도 또한 자녀의 정서지능에 커다란 영향을 미친다. 그 외에도 부모의 정서표현 태도나 가족원들 간의 상호작용이 영향을 미치기도 한다. 부모가 자주 분노의 정서를 표현하면 자녀는 공격성을 나타내기도 하는 것이 그 예이다. 자녀가 우울하고 분노를 자주 표현하는 부모를 관찰함으로써 이러한 정서반응을 습득하게 되는 것이다. 그러므로 긍정적인 정서를 표현해 상호작용을 통한 모방의 효과를 얻어야 할 것이다.

감성지능이 높은 부모가 되려면

1. 아이에게 관심 가지기

학교에서 돌아오면 무얼 배웠는지뿐만 아니라 선생님, 친구들과 어떤 일이 있었는지를 묻는다. 어떤 기분인지도 묻고 이야기한다.

2. 대화 이어나가기

이야기가 시작되면 아이와 대화를 이어나간다. 아이의 감정을 읽어주고 이해, 공감한다. 또 다른 사람의 감정도 읽어주도록 한다.

3. 아이의 감정상태 살피기

평소에 아이가 기쁜지 슬픈지 관심을 가지고 살핀다. 그리고 아이의 기쁨과 슬픔을 함께 나누도록 한다.

4. 아이가 좋아하는 것, 싫어하는 것을 잘 안다

언제 아이가 기뻐하고 좋아하는지, 어떤 것을 싫어하는지 잘 알고 있도록 한다. 이런 것을 공감하면 부모를 모델로 삼아 아이도 감성지능이 높아질 수 있다.

5. 부모 감정 표현하기

평소 부모의 감정도 잘 표현하고 함께 나눌 수 있도록 한다. 감정을 표현하는 것도 연습이므로 아이에게 모델이 되어줄 수 있어야 한다.

* 모든 것을 다 받아들일 수는 없지만 공감하고 이해하는 것이 필요하다. 감성지능이 높은 부모가 감성지능이 높은 아이를 만들 수 있다.

▶▶ 가정에서 실천하는 감성교육 프로그램

활동명	내 감정에 이름 붙이기
목표	• 자신의 감정을 정확하게 인식할 수 있도록 한다. • 자신의 감정을 표현할 수 있도록 한다. • 어떤 감정이든 정당한 것이며, 자신의 감정을 인정해 성장할 수 있도록 한다.
활동방법	1. 최근 일주일 동안 있었던 일에 대해 이야기 나눈다. 긍정적인 경험과 부정적인 경험을 하나씩 이야기하도록 한다. 2. 그 사건을 4컷 만화로 구성한다. 3. 4컷 만화에서 나타난 장면에 나의 감정이 어땠는지 이야기해 본다. • 그 감정에 이름을 붙여본다(즐겁다, 행복하다, 만족한다. 불안하다. 슬프다 등). 4. 감정단어 카드 중에서 그 상황에 맞는 감정단어를 골라보고, 그 감정에 대해 설명한다.

최근 가장 행복했던 일	
그림 그리는 자리	그림 그리는 자리
감정카드 자리	감정카드 자리
그림 그리는 자리	그림 그리는 자리
감정카드 자리	감정카드 자리

행복하다	당황스럽다	죄책감이 든다	기쁘다	답답하다	창피하다
즐겁다	무섭다	안타깝다	지루하다	외롭다	짜증난다
두렵다	불안하다	슬프다	허전하다	우울하다	서운하다
화난다	심통난다	걱정된다	그립다	밉다	섬뜩하다
시원하다	고소하다	야릇하다	질투난다	설렌다	신 난다
홀가분하다	피로하다	괴롭다	미치겠다	속상하다	귀찮다

TIP 부모 Tip

장난스럽지 않게 하도록 합니다.
자신의 감정을 인식하고 표현하도록 도와주세요.

활동명	역할을 바꿔요
목표	• 다른 사람의 입장을 이해해보고, 감정을 느껴본다. • 나를 객관적으로 바라보는 기회를 가진다.
활동방법	1. 엄마, 아빠, 자녀가 역할을 바꾼다. 2. 함께 하고 싶은 상황을 정한다. 예: 얼마 전 다투었던 상황, 갈등상황, 자녀가 무언가를 사달라고 요구하는 상황, 부모가 잔소리 하는 상황 등, 서로의 입장을 설득하고 이해할 수 있는 상황으로 설정. 3. 입장을 바꾸어 역할극을 해 본다.

TIP 부모 Tip

자신의 감정을 잘 나타낼 수 있도록 도와주세요.
다른 사람 입장을 이해하는 데에 초점을 맞추어 봅니다.
다른 사람의 입장이 되어보고 그 감정을 읽고 이야기해 보도록 하세요.

활동명	이 상황에서 나는?
목표	• 두 가지 중 하나를 선택할 수 있는 상황에서 자신의 욕구를 조절할 수 있도록 돕는다. • 자기의 결정에 장점과 단점이 있음을 알고 선택할 수 있다.
활동방법	1. 딜레마 상황을 제시한다. 2. 딜레마 상황에 대해 선택을 하고 그 선택을 했을 때의 좋은 점과 나쁜 점에 대해 이야기 나눈다.

다은이는 오늘 해야 할 일이 산더미다. 영어숙제, 수학숙제, 피아노 연습까지. 계획표에 순서에 맞춰 시간을 정해 계획표를 만들었다.

이제 공부만 하면 되는데, 이때 전화벨이 울린다.

"다은아, 지금 나 영화표가 생겼는데 나랑 영화보러 가지 않을래?"

친구 재영이의 전화!

- 선택 1. 영화를 보고 와서 할 일을 한다.
- 선택 2. 해야 할 일이 많으니 거절하고 할 일을 한다.
- 선택 3. 또 어떤 방법이 있을까?

TIP 부모 Tip

딜레마 상황에 대한 해결책을 구체적으로 제시해 보세요.
부모님도 함께 해결책을 제시하고, 장·단점을 얘기해 보세요.

활동명	무슨 일이 일어났을까?
목표	• 올바른 의사소통 과정에 대해 안다. • 의사소통 과정이 미치는 영향에 대해 생각해 본다.
활동방법	1. 상황 그림 카드를 보고 이야기 나눈다. 2. 각자 상황에 맞는 대사를 적어 넣고 그 상황에 대해 이야기해 본다. 3. 처음에는 각자 한 명씩 대사를 적고, 그다음에는 혼자 그림에 등장하는 모든 사람의 대사를 적는다.

TIP 부모 Tip

의사소통이 잘되지 않으면 어떤 일이 일어날지 생각해 보세요.
올바른 의사소통에 대해 구체적인 방법을 제시해 보세요.

2) 학교에서의 감성교육

학교에서 감성지능 교육은 학문적인 교육과 떼려야 뗄 수 없는 관계이다. 또한 감성교육은 학업성취도에 영향을 미칠 뿐 아니라 학교 내의 폭력이나 또래 문제를 해결해 주는 돌파구 역할도 한다. 이런 이유로 최근에는 많은 학교에서 사회정서 학습 과정을 교육 프로그램에 포함시키고 있다.

감성지능, 정서지능에 포함된 대부분 기술이 교육으로 향상될 수 있다는 것을 전제로 연구자들은 끊임없이 교육 프로그램을 개발해 왔다. 학교에서의 감성지능 향상을 위한 교육은 프로그램을 통해, 정규과정을 통해 이루어지고 있다. 첫째, 위험요인을 제거하고 보호요인을 향상시키는 데 초점을 맞추고 있다. 여기에서 위험요인이란 개인의 부적응 행동을 유발하는 신체적 결함이나 가족해체 등이며, 보호요인은 이를 극복해 나갈 수 있는 문제해결 능력이나 긍정적 자아개념 등을 말한다. 둘째, 사회정서적 능력을 길러주는 것이다. 이 중에서도 특히 SEL 프로그램은 교육현장에 적절하고 학교생활의 적응을 돕는 데 유용한 지침이 된다(Elias at al., 1997; Hawkins, 1997). SEL 프로그램은 인지적, 정서적, 행동적인 능력 모두에 중점을 두고, 자신과 타인에 대한 인식, 긍정적인 태도와 가치, 책임 있는 의사결정, 의사소통 능력, 사회적 기술 등의 5가지 범주로 구성되어 있다. 셋째, 정규 교과과정을 통한 감성교육이다. 등장인물의 감정을 이해하고, 갈등을 해결하는 방법을 배워나가기도 한다. 음악, 미술, 역사 교육 역시 문화를 배우고 정서표현 방식을 배우며, 스스로에게 하는 질문을 통해 감성지능을 향상시켜 나갈 수 있다.

▶▶ 감성교육 프로그램의 실제

프로그램명	감성교육 프로그램	
목표	• 감정을 표현하는 다양한 단어와 그 단어의 의미에 대해 안다. • 특별한 감정들과 연관된 얼굴 표정과 다른 비언어적인 행동들을 알아본다. • 다양한 감정들을 알고 이 감정들을 감정에 대한 단어들과 결합시킨다. • 알게 된 단어와 표현방법으로 자신의 감정을 적절하게 표현할 수 있도록 한다.	
프로그램	**활동 내용**	
감정 읽기	• 이런 감정도 있어요 • 내 감정을 맞혀봐	• 감정단어 만들기
감정 표현하기	• 표정으로 말해요 • 현명하게 말해요	• 신체언어를 배워요

감정 읽기

이런 감정도 있어요

활동 1 감정을 설명하는 단어들은 어떤 것이 있을까요? 예를 들어 '격분했던'이라는 단어가 있다면 어떤 상황으로 설명할 수 있을지 생각해 보세요? 나누어준 단어 목록을 보고 그 감정에 맞는 상황이 있었다면 나의 경험을 이야기해 보세요.

<감정을 표현하는 많은 방법들 – 경험 알아보기 자료>

[ㄱ]

가난한	가득 찬	가련한	갈망하는	감동된
감동하여	감소된	거절당한	걱정스러운	걱정하는
겁먹은	겁에 질린	겁이 많은	게으른	격렬한
격분한	경감한	경외심을 갖고 있는	고립된	고민하는
고상한	고정되어진	고정된	공포스러운	공황의
광란의	괴롭힌	교묘한	굳게 결심한	급변하는
기념하는	기만적인	기쁜	기절한	김빠진
긴장된	긴장한			

[ㄴ]

나머지의	나쁜	낙심한	낙천주의의	남겨진
낮은	내려다보는	냉담한	놀라운	높은
느린	느슨한			

[ㄷ]

다른	단호한	당황한	대담한	더없이 행복한
도약성의	도움을 주지 않는	도움주는	독립적인	두려운
뒤얽힌	들뜬			

[ㅁ]

마음이 산란한	만족한	매혹적인	멋진	몰두한
몹시 놀란	몹시 슬픈	무기력한	무능한	무서운
무시당한	물리치는	미안한		

[ㅂ]

반가운	반대되는	방해받은	배반당한	변하기 쉬운
부끄러운	부적당한	분리된	불만스러운	불법의
불안정한	불안한	불안해하는	불확실한	빼앗긴

[ㅅ]

사람의 마음을 끄는	사랑스러운	사랑하는	사용된	산만한
삼가는	상극인	상처입기 쉬운	상쾌한	서투른
성 잘 내는	성실한	성의 없는	소모된	소유의
수상쩍은	술이 취한	쉽지 않은	슬픈	시기심이 강한
시시한	신경질의	실망한	심판의	싸우기 좋아하는
쓰라린				

[ㅇ]

아름다운	아양떠는	아주 기뻐하는	압도하는	압박감의
애정이 깊은	약오른	얕은	어려움을 당한	어리석은
어색한	억제된	얼빠진	영감을 받은	영적인
오해받은	~와 같은 실패자	외로운	욕심 많은	용감한
우유부단한	우쭐대는	위기에 직면한	위압적인	유죄의
유혹받은	의기소침한	의존하는	이간하는	이성을 잃은
인정된	인정받은	일관된		

[ㅈ]

자신 없는	자신만만한	자유로운	자포자기한	잘 속는
적대하는	절망적인	절연한	정신이 혼란하여	조용한
좋은	즐거운	지루한	지배당한	지친
진가를 인정받지 못한	질투가 많은	짐스러운	찢긴	

[ㅊ]

참을성 없는	창조적인	책임을 회피하는	천박한	충격받은
충분한	친구 없는	친근한	침착하지 못한	

[ㅌ]

텅 빈

[ㅍ]

파괴적인	패배 당한	패배한	편안한	편집성의
평화로운	피해를 끼치는	필요한		

[ㅎ]

함정에 빠진	행복한	향수를 느끼는	헐뜯는	협박하는
호기심이 강한	홀린	화난	확신한	활기 있는
활기찬	황홀한	회피적인	후회하는	흥미로운
희망 없는	희망찬			

활동2 예전에는 사용해 본 적이 없는 단어를 목록에서 찾아서 활용해 보세요. 목록에서 5개의 단어를 선택하고 이 단어를 사용하여 다섯 문장을 만들어 보도록 합시다.

이런 감정도 있어요

1. 문장 패턴을 사용하기
   "나는 언제(어떤 일이 발생할 때/발생했을 때), (새로운 감정을 나타내는 단어를) 느낀다/느꼈다."

2. 가능하면, 단어를 부사로 변화시키고 그것을 행동으로 묘사하는 데 사용하기
   "나는 100m 달리기 경주에서 나의 경쟁자가 이겨서 금메달을 받은 것을 볼 때 질투의(형용사) 시선으로 본다."

3. 왜 그렇게 느꼈는지를 말해 주는 단어를 문장 안에서 사용하기
   "불쌍한 여자가 그녀의 차에 넣을 가스를 살 수 있는 주유소를 찾기 위해 눈 속을 헤매며 5km를 터벅터벅 걸어가고 있다."

1. ______________________________

____

2. ______________________________

____

3. ______________________________

____

4. ______________________________

____

5. ______________________________

____

TIP 교사 Tip

문장을 완성하고 나면, 두 사람이 한 조를 이루어 자신들이 만든 문장들을 파트너에게 읽어주게 합니다.

- 예를 들어, 그들이 가장 좋아하는 문장이 어떤 것이고 그 이유는 무엇인지, 그리고나서 집단을 모두 함께 모으고, 문장에 대해 이야기 나눌 지원자는 자신의 문장을 발표하게 합니다.
- 감정을 표현하는 단어들을 많이 아는 것이 왜 나에게 좋을까요?
- 비슷한 감정을 나타내는 많은 단어를 아는 것은 왜 좋을까요?
- 목록에 있는 단어 중 이전에 들어보지 못했거나, 예전에 여러분이 느껴봤던 감정을 표현한 단어는 어떤 것인가요? 그런 감정을 경험하지 못했지만, 예전부터 여러분이 알고 있는 단어는 어떤 것인가요?

감정단어 만들기

감정단어를 만들어 봅시다. 상황 그림을 보고 내가 아는 단어들을 조합해 감정단어를 만들어 보도록 합니다. 감정단어를 친구들에게 소개하고, 그 단어가 어떤 감정인지를 설명해 보도록 합니다. 가장 가깝게 설명한 친구를 찾아보고, 원래 단어를 설명해 줍니다.

예) 첫 번째 상황—화끈 당황 두근두근하다.

깜짝 놀라고, 어떻게 해야 할지 모르겠으면서 앞으로 닥칠 일이 두려워진다.

두 번째 상황—눈물 짜증 떨떠름하다.

슬픔이 밀려오면서 또 왜 저런 일이 일어났을까 짜증도 나고 좀 씁쓸하기도 하다.

TIP 교사 tip

- 복합적인 감정을 여러 단어를 통해 설명해 볼 수 있도록 합니다. 자신의 감정을 잘 읽을 수 있도록 합니다.
- 같은 상황을 다른 친구들은 어떻게 느끼고 어떤 단어를 만들었는지 비교해 보도록 합니다.

내 감정을 맞혀봐

1. 한 친구가 앞으로 나와 감정카드를 보고 표정이나 행동으로 감정을 표현해 보도록 한다.
2. 다른 친구들은 그 감정이 어떤 감정인지를 맞혀본다.
3. 감정을 읽을 수 있고 표현할 수 있도록 돕는다.

TIP 교사 tip

감정을 나타내는 단어들을 카드로 만들어 사용합니다.
다양하게 표현하고 그 감정을 잘 읽는 데에 초점을 둡니다.

감정 표현하기

표정으로 말해요

시를 읽어주는 동안 주의 깊게 듣도록 하세요. 학생들에게 감정을 나타내는 단어에 대해 자세히 듣고 가능하면 많이 기억하도록 합니다.

진주에게 화가 난다
이슬이를 사랑한다
나는 감정들로 꽉 차 있다
나는 어떻게 해야 하나?

내 그림에 대한 자랑스러움
너의 자전거에 대한 질투
나는 나의 감정들을 보여주고
그리고 숨기기도 한다

이긴 뒤의 행복함
지고 난 뒤의 슬픔
나는 나의 감정들을 바꾼다

내 신발을 바꾸는 것처럼
아침의 피곤함
정오의 배고픔

여러분도 여러분을 괴롭히는 감정들을 가지고 있습니까?
점수로 인한 억압
어둠에 대한 두려움
이 모든 느낌들이 왜……
그 느낌들은 무엇이 좋은가
신비스러운 것들에 대한 놀라움
만화의 즐거움
만약 여러분이 감정 결핍을 느낀다면
내가 여러분에게 감정을 조금 줄게요

생일의 흥분
생일파티가 진행될 때 따분함
나는 감정들을 이해할 것이다
1년 또는 2년 안에

이 시에 등장하는 감정에 대한 단어들에 대해 알고 있나요? 이 시에 언급된 감정 모두를 경험하는 것은 지극히 정상적인 것이고, 모든 사람들이 이런 감정을 경험하지만 각각의 사람마다 느끼고 표현하는 것은 다소 다를 수 있어요.

여러분이 시에서 들은 감정을 표현하는 단어에 대해 이야기해 보세요.

행복한	슬픈	겁먹은
화가 난	자랑스러운	흥분한
혼란스러운	피곤한	놀란
따분한	즐기는	질투가 많은
애정 있는	배고픈	의기소침한

여러분은 칠판에 적혀 있는 감정 중의 하나를 나타내는 가면을 함께 만들 거예요. 첫째, 여러분이 묘사하길 원하는 감정을 결정하고 색연필을 사용하여 그 감정을 묘사하는 얼굴을 종이에 만들어 보세요. 가능한 감정의 특징을 과장해서 그려보세요.

TIP 교사 tip

- 이 과정에서 미리 가면을 만들어 둔 것이 있다면 보여줍니다. 가면이 완성되면 2인 1조인 4조를 합쳐서 여덟 명이 원을 만듭니다. 학생이 자신의 마스크를 얼굴 앞에 쓰고 그림의 얼굴을 흉내 내어보게 하고 그 느낌을 말하게 합니다.
- 방 주변에 가면들을 전시해 두고 연중 아무 때나 학생들이 감정을 표현할 때는 가면을 사용할 수 있도록 한다. 그룹 전체 토의로 활동을 끝낸다.

프로그램 중에 다음과 같은 질문을 해보도록 하세요.

1. 어떤 감정들이 표현하고 알아보기가 가장 쉬웠나요? 어떤 것이 가장 어려웠나요? 왜 그렇게 생각하나요?
2. 여러분이 상황을 연출할 때 어떤 느낌이 들었나요?
3. 가면이 여러분의 감정을 더 쉽게 나타내게 했나요? 왜 그랬을까요? 그렇지 않았다면 왜 그렇지 않았을까요?
4. 우리의 감정들을 알고 표현하는 것이 왜 중요하다고 생각하나요?
5. 여러분의 감정을 표현하는 방법은 누가 결정하나요? 실제 생활에서 항상 여러분의 감정 표현 방법을 결정하는 사람은 누구인가요? 여러분인가요, 아니면 다른 누구인가요?
6. 여러분이 학교에서 생활하기가 힘든 감정들이 생기게 될 때 어떻게 하면 여러분의 기분이 더 좋게 될 수 있을까요? 여러분은 누구에게 얘기할 수 있나요?

■ 신체언어를 배워요

몸으로 말한다는 것은 무슨 뜻일까요? 꼭 말을 하지 않아도 표정이나 몸짓만으로 그 사람의 감정 혹은 생각을 알 수 있을 때가 많이 있어요. 여러 가지 몸동작이 표현된 카드를 보고, 어떤 감정인지 이야기해 보도록 하세요.

TIP 교사 tip

새로운 신체언어를 생각해 내는 활동을 추가해 보세요.
이 활동을 할 때는 표정도 함께 잘 나타낼 수 있도록 합니다.

현명하게 말해요

다음 상황에서 어떻게 말하는 것이 좋을지 생각해 보도록 합니다.

1. 친구가 내 말을 오해해서 단단히 토라져 있을 때
2. 내가 애써 준비한 선물을 친구가 내 눈앞에서 버렸을 때
3. 친한 친구가 나를 위해 큰 도움을 주었을 때
4. 선생님이 나를 위해 애써주는 것을 보았을 때
5. 내가 힘든 일을 겪을 때 옆에서 위로해 준 친구에게

TIP 교사 tip

- 경험이 있다면 경험을 살려 감정을 생각해 보고, 감정을 잘 추스르고 말을 하는 것에 대해서 생각해 보도록 합니다.
- 감정대로 말하는 것과 감정을 잘 정리한 후에 말하는 것이 어떻게 다른지 생각해 보도록 합니다.
- 감정을 표현하는 것과 마음속에 담아두는 것은 어떤 차이가 있는지도 생각하고 이야기 나누어 봅니다.

02 | 학습동기를 유발시키려면

선생님의 질문을 받으면 그 상황을 모면하는 것에 만족하는 학생, 자신이 무능력하다고 생각해서 학습하지 않는 것이 습관이 된 학생, 무조건적으로 외우긴 하지만 학습에서 즐거움은 찾지 못하는 학생, 문제에 틀릴까 봐 학습을 기피하는 학생 등 이 모든 학생들이 학습동기가 부족하거나 잘못된 학생이라 할 수 있다. 그렇다면 어떻게 학습동기를 유발시키고 향상시킬 수 있을까? 제대로 된 학습동기를 가지고 학업성취에 즐거움을 느끼게 할 수 있을까?

1) 가정에서 학습동기를 유발시키려면

개인의 학습동기를 유발시키고 향상시키려면 무엇이 가장 먼저 우선되어야 하는가. 그것은 바로 '관찰'이다. 학업성취도가 높은 학습자라도 학습동기가 잘못되어 있을 수 있고, 별문제 없어 보이는 학습자라도 학습된 무기력 상태일 수 있다. 제대로 된 학습을 하게 하고, 학업성취도가 낮은 학생의 학업성취도를 꾸준히 높여주기 위해서는 학습동기를 향상시키는 것이 반드시 필요하다. 그리고 '관찰'을 하기 위해서는 가정에서 누구보다도 부모가 자녀에게 관심을 가져야 한다. 관찰 후에는 학습동기를 높일 수 있는 전략을 세워보자.

먼저 기억해야 할 것은 사람은 누구나 유능감을 느끼고자 하는 내재적 동기를 가지고 있다는 것이다. 새로운 기능을 실행하는 그 자체가 본질적으로 만족스러운 것이다. 그리고 자신이 유능하다고 느끼면서 만족감을 느낀다. 부모는 이런 내재적 동기를 끌어낼 수 있도록 유능감을 느낄 수 있는 적당한 과제를 제공하고, 숙달될 수 있도록 도와주어야 한다. 또한 여기에 강화이론을 바탕으로 한 칭찬이 개입된다면 만족감을 더욱 높일 수 있을 것이다. 둘째, 자신의 기대와 다소 불일치하는 사태나 활동, 즉 신기성(novelty)을 추구하고자 한다. 이런 욕구는 학습에 대한 동기유발을 자연스럽게 촉진시킨다. 인간은 조금 더 새로운 것, 적당히 불일치한 자극을 만들고 탐구하고 처리함으로써 즐거움을 경험한다는 것이다. 부모는 이런 내재적 동기를 이해하고 적당한 자극을 주어야 한다. 셋째, 자율적인 존재로서 자신의 의지에 따라 어떤 활동에 참여하려고 하는 선천적인 욕구를 가지고 있다는 것을 알아야 한다. 이것은 곧 자율성으로, 어떤 외적인 이유 때문에 과제를 수행하는 것이 아니라 자신의 의지에 의해 그러한 활동에 참여한다고 믿기를 원하는 성향이 있다는 것이다. 이러한 관점에서 보면 어떤 외적인 목적 때문에 과제를 수행할 때보다 스스로 과제를 선택해서 수행할 때 동기유발이 더 잘 되고 즐거움이 더 크다고 할 수 있다. 그러므로 요약하면 내재적 동기를 가장 많이 일으키는 것은 유능감과 자기결정을 유발시킬 수 있는 활동이나 상황이다. 가정에서 학습동기를 유발시키기 위해서는 이런 이론을 바탕으로 유능감을 느낄 수 있는 상황과 기회를 제공하도록 해야 할 것이다.

▶▶ 가정에서 실천하는 학습동기 프로그램

가정에서 학습동기를 향상시키기 위해서는 자녀 스스로 자신을 돌아보고, 자신이 왜 공부를 하는지에 대해 확고한 신념을 가질 수 있도록 도와주어야 한다. 그러기 위해서 자녀 스스로 해볼 수 있는 프로그램을 제공하려고 한다. 이것은 초·중·고 모든 학습자에게 가능하나 자녀의 특성과 수준에 맞추어 수정해서 사용하기 바란다.

활동명	나의 장단점
목표	자신이 잘하는 것과 못 하는 것에 대해 알아보면서 자기를 이해하도록 한다.
준비물	종이, 필기도구
활동방법	1. 활동지에 내용을 작성한다. 2. 부모님과 함께 이야기 나누도록 한다.

나의 장점과 단점에 대해 생각해 보세요. 내가 잘하는 것은 무엇이고 자신 있는 것은 무엇인가요? 언제, 어디서든 이것만은 잘할 수 있다고 생각하는 것은 무엇인가요? 반면 자신 없고 잘할 수 없다고 생각되는 것은 무엇인가요?

✻ 나의 장점

✻ 나의 단점

TIP **부모 tip**

- 부모님도 함께 '장단점'이 무엇이라고 생각하는지 적어보세요.
- 왜 그것을 장점이라고 생각하고, 왜 단점이라고 생각하는지에 대해서 물어보고 대답해 보세요.
- 장점을 살릴 수 있는 방법과 단점을 고치고 발전시킬 수 있는 방향에 대해 논의해 보세요.

활동명	공부하는 이유
목표	• 학습동기를 생각해 보고 서로 이해하도록 한다. • 학습의 목표를 설정할 수 있다.
준비물	종이, 필기도구
활동방법	1. 공부하는 이유에 대해 생각해 본다. 2. 부모와 자녀 모두 활동지에 내용을 작성한다. 3. 부모님과 함께 이야기 나누도록 한다.

TIP **부모**

- 부모님도 함께 공부하는 이유에 대해 생각해 보세요. 자녀가 공부하는 이유와 부모님 자신이 공부하는 이유도 적어보세요.
- 그리고 공부를 해야 하는 근본적인 이유와 현실적인 이유에 대해서 함께 이야기 나누어 보세요.
- 그리고 공부의 목표를 함께 설정해 보도록 합니다.

내가 공부하는 이유는 무엇일까요? 공부하는 이유는 여러 가지가 있을 수 있습니다. 그중에서도 가장 중요하다고 생각하는 것을 순서대로 번호를 붙여보세요. 예를 들어 가장 중요한 것 옆에는 '1', 그다음 중요한 것에는 '2'를 적고 중요하다고 생각하지 않는 이유에는 체크하지 않아도 됩니다.

공부를 못 하면 다른 사람들 보기에 창피하니까 ______
먹고 살기 위해서 ______
성공하기 위해서 ______
공부밖에 할 게 없으니까 ______
남들도 다 하니까 ______
부모님이 하라고 하니까 ______
다른 사람들에게 잘 보이려고 ______
잘 먹고 잘살기 위해서 ______
훌륭한 사람이 되려고 ______
나중에 돈을 많이 벌려고 ______
당연히 해야 하니까 ______
내 꿈을 이루기 위해 필요하니까 ______
새로운 것을 알아나가는 것이 즐거우니까 ______
나중에 편하게 살기 위해서 ______
그 외 내가 생각하는 이유 ______

활동명	칭찬받고 싶어요
목표	자녀의 장점을 찾는다. 칭찬받음으로써 의욕을 기르고, 유능감을 높인다.
준비물	종이, 필기도구
활동방법	1. 자신이 칭찬받고 싶은 것을 적는다. 2. 서로 칭찬해 주도록 한다. 3. 그 칭찬을 바탕으로 앞으로의 계획도 세울 수 있도록 돕는다.

나를 칭찬해 주세요.

내가 잘할 수 있는 것은 ______________________________

나의 좋은 점은 ______________________________

우리 엄마는 내가 ____________________________을 좋아하신다.

우리 아빠는 내가 ____________________________을 좋아하신다.

우리 선생님은 내가 ____________________________을 좋아하신다.

나는 ____________________________ 때 칭찬을 많이 받는다.

내 친구들은 나의 ____________________________을 좋아한다.

내 몸에서 가장 마음에 드는 부분은 ____________________________이다.

나의 성격은 ____________________________ 점이 좋다.

나는 ____________________________ 면을 자랑스럽게 생각한다.

나를 좋아하는 사람들은 ____________________________ 면 때문에 좋아한다.

나는 ____________________________ 점을 칭찬받고 싶다.

나는 내가 ____________________________ 때 좋다.

효과적인 칭찬법

1. 과제를 수행하는 구체적인 단계에서 해야 한다.
   - 칭찬은 즉각적이어야 한다. 그 행동이 이미 이루어지고 시간이 지난 다음에는 자녀가 그것에 대한 성취감이나 유능감이 많이 감소되어 있으므로 효과적이지 않다.

   예) 수학공부를 계획을 세워서 하니 효과적이겠구나.

2. 자녀의 성취에 깊은 관심이 있다는 것을 분명하게 보여준다.
   - 자녀가 성공하기 위해 어떻게 노력했는지, 그것이 얼마나 가치 있는 것인지를 부모가 잘 알고 있다는 것을 알려준다. 그리고 얼마나 기쁘게 생각하는지 표현한다.

   예) 네가 오랫동안 공들여 완성한 이 작품을 벽에 걸어놓아야겠다.

3. 자녀의 능력이나 성취 가치에 대한 정보를 준다.
   - 자녀가 어떤 능력을 가지고 있는지 객관적으로 볼 수 있게 설명해주고, 또 그것을 이룸으로써 무엇을 얻을 수 있는지 구체적인 정보를 제공해준다.

   예) 이렇게 매일 한 시간씩 걸어다니면, 머리가 맑아지는 효과가 있대.

4. 현재의 성취 수준을 설명하기 위해 이전의 성취수준을 이야기한다.
   - 자녀가 자신의 능력이, 성취수준이 얼마나 나아졌는지 잘 알어 성취감을 느낄 수 있도록 이전의 성취수준에 대해 이야기해 준다. 그만큼 관심이 있다는 것도 표현한다.

   예) 지난번에는 이것을 하는데 15분이 걸렸는데 이제 10분이면 다 할 수 있구나.

5. 성공이 노력과 능력 때문이라는 것을 강조하고, 앞으로도 비슷한 성공이 이루어질 수 있음을 이야기한다.
   - 성공은 우연히 이루어지는 것이 아니라 자신이 노력한 결과임을 알게 한다. 그리고 또 자신이 가진 능력과 노력의 힘이 앞으로도 발휘될 수 있음을 이야기해 준다.

   예) 네가 친구들을 돌보는 것을 잘하더라. 이번 봉사활동은 노력한 만큼 정말 성공적이야. 앞으로도 더 잘할 수 있을 거다.

6. 내재적 동기를 강조한다.
   - 자녀의 마음속에는 유능감을 느끼고 싶어하고, 성취감, 새로운 것에 도전하려는 마음이 있음을 알게 하고, 그것을 끌어낸다.
   예) 넌 정말 영어를 잘하는구나. 다음에는 외국인을 직접 만나 이야기해 보는 건 어떨까?

7. 자신이 한 행동의 결과에 대해 평가해 볼 수 있는 기회를 제공한다.
   - 다른 사람이 칭찬하는 외재적 동기도 효과적이지만 스스로 자신을 평가하고 칭찬할 수 있는 기회를 주어야, 스스로 칭찬하고 동기를 유발시키는 힘을 기르게 된다.
   예) 엄마는 네가 만든 이 작품이 마음에 드는데, 너는 어떻게 생각하니?

활동명	미래 설계하기
목표	미래를 설계해 봄으로써 학습의 가치를 알아본다.
준비물	종이, 필기도구
활동방법	1. 내가 진정으로 원하는 것을 생각해서 적고, 그것을 위해 해야할 일에 대해서도 생각하고 이야기 나눈다.

TIP 부모

- 모든 항목에 대한 대답은 최대한 구체적으로 할 수 있도록 합니다.
- 간단한 내용이라도 부모님과의 대화를 통해 보다 자세하게 설명할 수 있도록 대화를 시도해 보세요.
- 나아가 일주일·한 달·1년·10년 계획을 세워보도록 합시다.

✻ 내가 진정으로 원하는 것

1.
2.
3.

✻ 내가 원하는 직업

예) 사업가, 연예인, 교수, 언론인, 요리사, 의사, 연구원, 디자이너, 변호사, 운동선수 등

1.
2.
3.

✻ 내가 학습을 하면 얻을 수 있는 것

예) 경영하는 능력, 가지고 있는 재능 개발, 성격이 원만해짐, 사업을 할 수 있는 기술습득

1.
2.
3.

✻ 내가 원하는 미래의 나의 모습

✻ 그 모습을 얻기 위해 내가 해야 할 일

2) 학교에서의 학습동기 향상

교실 내에서 학습자들에게 학습동기를 유발하게 하기 위해서는 감성교육과 마찬가지로 프로그램, 교과과정 내에서 이루어질 수 있을 것이다. 단 학습동기를 유발시키기 위해서는 여러 가지 기억해야 할 것이 있다. 다음은 Deborah Stipek(1998)이 제안한 것을 바탕으로 정리한 것이다.

첫째는 외재적 보상(상, 벌 등)을 최소화하라는 것이다. 외재적 보상에 길들여지면 외재적 보상에 의해 동기화되고, 외재적 보상이 제거되면 학습동기를 잃어버리게 된다. 둘째는 도전감 있는 과제의 제공이다. 현재 수행과제보다 높은 수행과제를 주어야 하는데, 이때는 점층적으로 주면서 학생들이 안도감과 안전감을 느끼는 한도에서 제공해야 한다. 셋째는 개방형 과제의 제공이다. 정답이 정해져 있는 폐쇄형 과제보다 개방형 과제는 학생들에게 부담을 줄 수 있다. 하지만 창의성을 길러줄 수 있으며 단순하고 지루하지 않게 만들어준다. 넷째는 학생의 자율성 보장이다. 학생들에게 자신의 이해와 숙달 수준을 평가할 수 있는 기회를 주고, 과제를 완성하기 위한 과제선택과 계획방법에 대한 안내를 해 주어야 한다. 이 범위 내에서 스스로 자신의 유능성을 측정하고 과제를 독자적으로 수행하는 힘을 길러 주어야 한다. 마지막으로 협동할 수 있는 기회를 주어 의존하지 않고 스스로 문제를 해결하고 과제를 수행할 수 있도록 도와주어야 한다. 그리고 이런 환경에서 중요한 것은 다양한 학생들의 다양한 요구를 수용해 진행되어야 한다는 것이다.

▶▶ 학습동기 향상 프로그램의 실제

다음은 서울시교육청 자기주도학습 연구개발팀이 개발한 프로그램으로 자기주도학습 프로그램 중 동기 프로그램을 참고하여 수정한 것이다.

프로그램명	학습동기 향상 프로그램
목표	• 학습자가 학습에 대한 동기 설정을 위해 공부의 의미와 목적을 파악하는 데에 중점을 둔다. • 학습에 앞서서 공부에 대한 정의를 학습자 스스로 내려보고, 학생 스스로 공부의 가치를 깨닫게 한다. • 학습자가 학습에 대한 동기 설정을 위해 공부를 어렵게 하는 요인을 찾아보고 개선 방안을 모색하는 데에 중점을 둔다. • 학습자가 미래의 모습을 그려봄으로써 내재적 동기를 유발할 수 있도록 돕는다.
프로그램	**활동 내용**
공부의 이유와 실패의 이유	• 공부란 무엇인가? • 공부는 왜 하는가? • 공부 걸림돌 알아보기
내재적 동기 유발하기	• 명함 만들기 • 좌우명 만들기 • 사명 선언서 작성하기

공부의 이유와 실패의 이유

공부란 무엇인가?

공부를 한마디로 정의할 수는 없다. 사람마다 시대마다 생각하는 것이 다르기 때문이다. 하지만 공부의 대가들, 이름난 학자들은 자기 나름의 공부의 정의를 가지고 평생을 살았다. 자신이 생각한 공부의 개념과 정의를 가지고 학습에 임한다면 앞으로 공부하는 데에도 큰 도움이 될 것이다. 나누어주는 활동지에 자신만의 공부개념을 정립해서 적어보기 바란다.

공부 정의 내려보기

✽ 공부란 무엇인가

1. 공부란 무엇인가에 대한 다양한 정의 내리기.

※ 공부는 ______이다.

- 공부는
- 공부는
- 공부는
- 공부는

✽ 공부의 의미 해석하기

- 공부에 대한 정의 가운데 가장 마음에 드는 정의를 골라보자.

- 내가 선택한 정의에 따른 공부의 의미는 무엇인지 적어보자.

✽ 공부의 달인 찾기

- 앞서 나온 기준으로 볼 때, 세상에서 공부를 가장 잘하는 사람은 누구라고 생각하는가? 그 이유는 무엇인가?

TIP 초등학생 지도를 위한 Tip

1. 공부의 사전적인 의미를 알려 준 후 자신만의 개념을 정의해 보도록 도와주세요. (공부 : 학문이나 기술을 배우고 익힘) 구체적으로 써서 설명해 보도록 도와주세요. 설명해 봄으로써 자신의 정의에 대해 다시 정리해 볼 수 있습니다.
2. 학교의 정의에 대해서도 생각해 보세요. 공부라는 추상적인 개념보다 '학교'라는 실제적이고 구체적인 개념을 생각해 봄으로써 보다 쉽게 공부의 정의에 접근해 볼 수 있습니다. (학교 : 교육·학습에 필요한 설비를 갖추고 학생을 모아 일정한 교육 목적 아래 교사가 지속적으로 교육을 하는 기관)
3. 낱말을 정의하는 것은 자신을 변화시킬 수 있는 힘이 됩니다. 어떻게 생각하고 행동에 임하느냐에 따라 인생이 달라질 수 있습니다. 이런 점을 학생들에게 이야기해 주세요.

공부는 왜 하는가?

공부하는 이유 알아보기는 공부의 개념을 정립한 뒤에 이를 바탕으로 목표를 설정하는 것이다. 나의 학교생활, 학습 활동의 궁극적 목표가 무엇인지 되돌아보는 과정을 통해서 보다 현실적이고 구체적인 자기만의 공부법, 학습법을 정립한다.

공부 이유 찾아보기

✽ 내가 학교에 다니는 이유

지금까지 공부를 해온 이유를 생각해보고 해당 사항에 ∨ 표시하기

- 많은 것을 배우기 위해
- 공부하면 부모님이 좋아하시니까
- 좋은 성적을 얻기 위해
- 몰랐던 것을 알기 위해
- 장래 나의 소망을 이루기 위해
- 공부하는 방법을 알기 위해
- 선생님에게 칭찬을 받기 위해
- 공부를 잘하면 기분이 좋아서
- 부모님이 기뻐하시니까
- 공부를 잘하면 보상을 받으니까
- 공부 자체가 너무 재미있어서
- 공부를 안 하면 혼나기 때문에

- 앞으로 공부를 열심히 해야 한다고 생각하는가?

- 그 이유는?

- '학교 성적은 좋아야 한다'에 대해서 어떻게 생각하는가?

공부이유 정리하기

내가 지금 공부를 해야 하는 이유를 중요한 것 순서대로 정리해보자.

1.

2.

3.

공부의 목적에 따른 공부 달인 찾기

앞서 나온 기준으로 볼 때, 세상에서 공부를 가장 잘하는 사람은 누구라고 생각하는가? 그 이유는 무엇인가?

〈활동지〉

내가 공부하는 이유

1. 나는 왜 학교를 다니고 있는지 이유를 솔직하게 써 보세요.

2. 학교에 다녀서 좋은 점과 나쁜 점을 적어보세요.

3. 나는 왜 공부를 하는지 이유를 생각해서 적어보세요.

4. 공부를 해서 좋은 점과 나쁜 점은 무엇일까요?

5. 왜 나는 공부해야 하는지 그 이유를 써 보세요.

공부 걸림돌 알아보기

공부하는 데 방해되는 것을 스스로 찾아내 제거함으로써 공부는 자기 스스로 하는 것임을 알 수 있다. 공부하는 데 도움이 되는 것들과 방해가 되는 것들을 생각해 보자. 또한 그 걸림돌은 어떻게 제거할 것인지도 생각해 보자.

공부의 걸림돌 찾아보기

공부에 방해되는 요소들	나	환경	해결할 수 있는 사람

공부 방해요소 정리하기

- 공부 방해의 제일 원인은 무엇인가?

- 그것이 제일 원인인 이유는 어디에 있는가?

- 공부 방해 원인을 개선하기 위한 가장 좋은 방법은 무엇인가?

- 개선 과정에서 내게 가장 큰 도움을 줄 사람은 누구인지, 구체적으로 어떤 도움을 받아야 하는지 적어보자.

공부의 방해요소 제거하기

- 공부의 걸림돌을 없앨 수 있는 더 좋은 방법을 친구들과 토론한다.
- 이 시간을 통해 무엇을 느꼈는지 말해 본다.

<활동지>

나의 공부 환경 문제점과 해결 방안

✽ 내가 공부할 때 주의 집중을 방해하는 원인이 되는 것을 생각나는 대로 적어보자.

✽ 나의 주의 산만 요인을 분석하고 그것을 개선하기 위한 방안을 찾아 적어보자.

주의산만 요인	내 용	개선방안
심리적 요인		
물리적 요인		
기타 요인		

내재적 동기 유발하기

▶ 명함 만들기

나의 미래 모습을 생각해 보고 그런 사람이 되기 위해 구체적으로 노력해야 할 일에 대해 생각해 보도록 합시다. 또한 실천계획을 연령대별로 구체적으로 적어보는 것이 좋아요. 이 과정을 통해 자신의 모습을 돌아보고, 점검해볼 수 있도록 합니다. 그리고 그것이 확실해졌다면, 미래의 나의 모습을 상상하며 명함을 만들어 보세요.

내가 되고 싶은 사람

1. 나의 장래 희망은＿＿＿＿＿＿＿＿＿＿＿＿＿이다.
   내가 ＿＿＿＿＿가 되고 싶은 이유는 ＿＿＿＿＿＿＿＿이다.

2. 이 꿈을 이루기 위해서 학교와 가정에서 지금의
   내가 반드시 노력해야 할 일들은 무엇이라고 생각하는지 구체적으로 써 보세요.

시기	단기목표	구체적 실천계획
초등학교		
중학교		
고등학교		
20대		
30대		
40대		
50대		
60대		

미래의 명함 만들기

✱ 자신이 정한 직업을 가진 나의 모습을 상상하며 미래의 명함을 만들어 붙여 봅시다.

명함 속에 써 넣어야 할 내용 :
- 이름 주소 전화번호(연락처)
- 나를 소개하는 글
- 직책 회사 사업체 이름
- 나의 사진(혹은 그림)

-뒷 면- 붙 이 기

-뒷 면- 붙 이 기

좌우명 만들기

자기성취의 꿈을 그리거나 비전에 대한 사명을 가짐으로써 학습동기를 강화하고 학습 목표를 더 세부적으로 구체화할 수 있어요. 좌우명은 왼쪽과 오른쪽에 새긴 말이라는 것이 아니라 '앉아 있는 오른쪽에 놓은 것'이란 의미입니다. 즉 '자리 오른쪽에 붙여 놓고 반성의 자료로 삼는 격언이나 경구'를 말하는 것이지요. 자기 자신의 좌우명을 적어보는 이유는 내 스스로 내 삶의 비전을 만들고 그것을 실현하는 데 있어서 닥칠 어려움을 미리 경계하여 이겨내고자 하는 것이라 할 수 있습니다.

유명인들의 좌우명

- 먼저 뜻을 크게 세워야 한다. - 조선시대 학자 율곡 이이
- 끝없이 노력하고 끝없이 인내하고 끝없이 겸손하자. - 가수 비
- 땀 흘린 만큼 내게 돌아온다. - 축구 유상철
- 과거의 실패로부터 유용한 교훈을 이끌어내지 못한다면 아예 되돌아보지 말라! - Washington
- 큰 지혜는 관대하나 작은 지혜는 다투기를 즐긴다. - 장자
- 기도는 하나님을 변하게 하는 것이 아니라 우리 자신을 변하게 한다. - 피니
- 태산에 부딪혀 넘어지는 사람은 없다. 사람을 넘어지게 하는 것은 작은 흙무더기이다. - Peretz
- 네 마음의 뜰에 인내를 심어라. 그 뿌리는 쓰더라도 그 열매는 달다. - 제인 오스틴
- 되도록 내일을 의지하지 말고 오늘을 붙잡아라. - 호라티우스
- 오늘 할 일을 내일로 미루지 말라. - 토마스 제퍼슨
- 제대로 된 길을 가더라도 방향이 잘못 되었다면 아무 소용없다. - 에반 에자르
- 당신이 저지를 수 있는 가장 큰 실수는 실수를 할까 끊임없이 두려워하는 것이다. (앨버트 허버드)
- 위대한 사람들은 목적을 가지고 있다. 그렇지 않은 사람들은 소원을 가지고 있다. (워싱턴 어빙)
- 담담(淡淡)한 마음을 가져라. 담담한 마음은 당신을 더욱 굳세고 바르고 총명하게 만들 것이다. - 아산 정주영
- 두려워하지 말고 자신을 믿어라. - 조수미 성악가
- 내 사전에 불가능은 없다라고 어려울 때마다 마음속으로 외쳐보라. - 나폴레옹
- 재물에 있어서는 물처럼 공평하게 하라. - 조선시대 거상 임상옥
- 남보다 시간을 더 투자할 각오를 한다. - 안철수연구소 안철수 대표

나의 좌우명 만들기

1. 먼저 읽기자료에서 다른 사람들의 좌우명을 읽고 가장 마음에 드는 것을 골라 적어봅시다.
   1)
   2)
   3)

   왜 그것이 마음에 들었는지 이유를 적습니다.

2. 나의 좌우명 적어보기
   1) 나의 삶에서 가장 중요하다고 생각하는 것은 무엇입니까?

   2) 그것이 중요한 이유는 무엇입니까?

   3) 그 중요한 것을 실현하기 위한 나의 좌우명을 정해서 여러 개 적어봅시다.

   4) 좌우명을 그렇게 정한 이유는 무엇입니까?

사명선언문 만들기

사명선언문(Mission Statement)이란, 자신의 존재 이유를 문서로 공식화한 것을 말합니다. 의사를 결정하고 행동을 선택하는 데 있어서 지침이 되는 개인 헌법의 역할을 해줍니다. 또한 사명선언문을 만들고 마음속에 되새김으로써 자신의 가치관이나 목적을 마음속에 확실하게 각인시켜 주며, 사명을 명확하게 정의한 사람들은 그렇지 못한 사람들보다 항상 앞섭니다. 자신의 사명을 위해 살지 않는 사람은 다른 사람의 사명을 위해 살기 마련이라고 할 수도 있습니다.

나의 사명 선언서 만들기

나는 어떻게 사회에 기여할 것인가?

[사명선언문 작성을 위한 기초]

1. 내가 가장 흥미를 느끼고, 즐겁다고 생각하는 활동을 세 가지 써보자.

2. 사람들에게 가장 인정받고 싶은 나의 특성이나 재능을 세 가지 써보자.

3. 내가 가장 중요하게 여기는 핵심가치를 세 가지 써보자.

4. 모든 것이 가능하다면, 내가 꼭 해보고 싶은 것을 세 가지 써보자.

5. 모든 것이 가능하다면, 이 세상을 어떻게 변화시키고 싶은지 써보자.

*서울시교육청 장학자료 발췌

나 (　　　　　　)의 사명선언문

1. 예시 및 방법

나, ○○○의 사명은
내가 봉사하는 모든 사람들을 위해
(나를 가장 매료시키는 집단/단체)
혁신을
(핵심가치)
조성하고, 협동을 강화하고, 번영을 창조하는 것이다.
(세 개의 동사)
예 : 나의 사명은 청소년들이(단체) 성공적인 삶을 살 수 있도록(핵심가치) 그들을 돕고, 가르치고, 함께하는 것이다(세 개의 동사).

2. 실제 작성하기

나, ___________ 의 사명은
_____________________________ 에/의/을(를) 위하여/와(과) 함께
(나를 가장 매료시키는 집단/단체)
_________________을(를)
(핵심가치)
____________________ , ____________________ , ____________________ .
(세 개의 동사)
이러한 방법을 사용하여 다음과 같이 사명선언문을 만들 수 있다.

선언문은 인생의 나침반과 같다.
이것이 있을 때 여러분은 꿈을 성취할 수 있다.
사명 선언문은 여러분이 이 세상에 존재하는 이유를 적는 것이다.

*서울시교육청 장학자료 발췌

사명선언문이란?

'사명서(Mission Statement)'라고도 한다.
자신의 존재 이유를 문서로 공식화한 것을 말한다.

이것은 인생의 의미와 목적에 대한 자신의 견해를 나타내고 있는 대단히 유용한 문서이다. 사명선언문은 의사를 결정하고 행동을 선택하는데 있어서 지침이 되는 개인 헌법의 역할을 해준다.

사명이란 자신이 살아갈 인생의 의미 있는 방향과 목표를 의미한다. 자신의 목적지를 아는 사람은 그렇지 않은 사람보다 훨씬 쉽고도 확실히 목적지에 도달할 수 있을 것이다. 이처럼 사명을 발견한다는 것은 길잡이가 되어줄 든든한 지도를 가진 것과 같다.

이것은 인생의 항로를 발견하고, 항해를 시작하고, 그것을 평가하고, 수정하고, 다시 항해를 개시할 때 변하지 않는 틀을 제시해주는 길잡이이다.

사명선언문을 작성하는 것은 다음과 같은 이점들이 있다.

1. 자신의 삶에 대해 깊이 생각해 보게 한다.
2. 자신의 내면 깊숙한 곳에 있는 생각과 감정을 살펴볼 수 있도록 도와준다.
3. 자신에게 정말로 중요한 것이 무엇인지를 분명하게 한다.
4. 시각을 확대시켜 준다.
5. 자신의 가치관이나 목적을 마음속에 확실하게 각인시켜 준다.
6. 가치관에 따른 방향을 제시해 주고 스스로에게 약속하게 한다.
7. 장기적인 목표달성을 위해 날마다 진전이 이루어지게 한다.

이것은 진정 우리가 원하는 것은 무엇인지, 그 원하는 것을 이루기 위해서 어떻게 살아야 하는지, 종국에 어떤 사람이 되는지 등과 같은 삶의 현안들을 구체적으로 조정하고 감독한다. 따라서 명료하게 작성된 사명선언문은 당신이 이 사회를 살아가는데 가장 유익한 동반자가 되어줄 것이다.

사명을 명확하게 정의한 사람들은 그렇지 못한 사람들보다 항상 앞선다. 이제 당신에게는 자신의 사명을 위해 살든지, 아니면 다른 사람의 사명을 위해 살든지 결정하는 일만 남았다. 자, 이제 어떤 결정을 할 것인가?

*서울시교육청 장학자료 발췌

TIP 교사 Tip

자신의 미래 모습을 그리는 방법에는 여러 가지가 있습니다. 명함을 만드는 방법, 좌우명을 만드는 방법, 사명선언문을 만드는 방법 등이 그것입니다. 명함 만들기와 같은 구체적인 방법은 초등학생에게 적합하며, 좌우명과 사명선언문은 중고등학생에게 적합합니다. 하지만 학생들의 수준이나 프로그램에 맞게 변형해서 사용하시면 학생들의 학습동기를 유발하는 데 큰 도움이 되는 프로그램이 될 것입니다.

03 | 학습자 스트레스

스트레스는 어디에나 있으며 스트레스를 받지 않기 위해 노력하기보다는 스트레스를 극복하고 현명하게 대처해 나가는 방법을 찾는 것이 더 현실적이다. 학습 스트레스는 적당한 정도는 학업에 도움을 주지만 지나치면 오히려 학업을 중단하게 만들 수 있다. 가정에서는 이런 스트레스를 파악하고 스스로 이겨나갈 수 있는 환경을 만들어 주어야 한다.

1) 가정에서 스트레스를 줄이려면

스트레스는 학습자에게 여러 가지 영향을 미치므로 학업성취도와도 상관관계가 있다. 그중에서도 부모와 자녀의 관계가 학습자 스트레스에 영향을 미치는 것으로 나타났다. 부모와 긍정적인 관계를 맺고 있는 학습자가 스트레스를 덜 지각한다는 것이다. 또한 부모와도 친밀도는 공감에 중요한 변인이며, 부모·자녀 간에 의사소통이 잘 이루어지는 집단과 그렇지 않은 집단 간에 자기감정관리, 타인감정 관리에서 유의한 차이가 나타났다

(이인숙, 1997). 특히 남자학습자들은 가정상황에서 유발하는 '가정 스트레스'를 더 심하게 받고 있으며 반면 적응에 있어서는 여자 학습자보다 더 긍정적으로 잘 적응하고 있다고 보고하고 있다. 이런 여러 가지 상황을 비추어보았을 때 가정에서 부모가 학습자 스트레스를 가중시킬 수도 혹은 감소시킬 수도 있다는 말이 된다.

맞벌이 부부의 자녀가 맞벌이를 하지 않는 부부의 자녀보다 스트레스를 받으면 성적이 더 떨어진다는 보고도 있다. 맞벌이를 하지 않는 집단이 맞벌이를 하는 집단보다 학업성취도가 더 높았다. 맞벌이를 하지 않는 가정의 자녀들은 스트레스를 받는다 하더라도 학업성취도에는 민감한 영향을 받지 않는 연구결과를 나타냈는데, 이것은 부모가 자녀의 곁에서 잘 돌보아 주는 것이 스트레스로 인한 영향을 완화해 주는 보호요인이 된다는 점을 시사하고 있는 것이다. 하지만 전문가들은 많은 시간을 함께 보내는 것보다는 짧은 시간이라도 관심을 보이고, 애정을 표현하는 것이 중요하다고 말하고 있다.

물론 스트레스는 스트레스를 주는 내적, 외적 요구들을 다루기 위해 시도하는 과정들인 대처(coping) 방식에 따라 다르게 해소될 수 있을 것이다. Moos와 Billings(1982)는 스트레스 대처 방식을 세 가지로 구분하였다. 첫째, 평가 중심적 대처는 상황의 의미 규명, 논리적 분석과 인지 재정의 등을 포함한다. 구체적으로 문제 상황을 잊으려 애쓰거나 회피하거나 부정하는 것을 말한다. 둘째, 문제 중심적 대처는 문제에 대한 명확한 결과들을 다루거나 적극적으로 자아를 변화시키거나 보다 만족스러운 상황으로 만들거나 혹은 스트레스의 근원을 수정하거나 제거하는 방식이다. 다시 말해서, 상황에 대한 많은 정보나 충고를 찾아보고 권위자나 가까운 친인척, 동료, 배우자 등에게 도움을 구하는 것, 그리고 대안적 계획을 세우거나 직접적인 행동 취하기, 행동 변화 등의 방식을 말한다. 셋째, 정서 중심적 대처는 스트레스로 인한 정서 상태를 다스림으로써 정서적 평형을 유지하는 대처 과정을 말한다. 이는 시간을 지연시키며 충격을 완화하거나 갈등에 대해 긍정적인 사고를 하기, 자부심 갖기, 운명에 돌리기 등을 통해 문제 상황으로 인한 감정을 완화시키려는 방식이다. 이러한 대처 행동들은 갈등이 내재되어 있는 세상에서 효과적으로 기능할 수 있게 하고 개인의 복리를 유지시켜 준다.

Compas는 아동이나 청소년의 대처는 성인에 대한 의존성, 스트레스 반응에 대한 준비도, 인지적 · 사회적 발달상의 특징들이 고려되어야 하면서, 문제지향적 대처와 정서지향적 대처가 일반적으로 아동과 청소년의 적응에 적당한가도 고려해야 한다고 하였다. 그러므로 부모가 자녀의 스트레스를 해결하는 데 도움을 주기 위해서는 스트레스를 해결할 수 있는 직접적인 도움을 주는 권위자의 역할을 하거나, 정서적인 안정을 줄 수 있는 친구 같은 역할을 해야 할 것이다.

임은미(1998)는 중 · 고생 368명을 대상으로 부모의 자율성, 격려, 행동 및 학업정보 제공이 자녀의 학습동기 및 학업성취도 간에는 유의한 정적 상관이 있음을 밝혔고, Henrich는 2001년에 9개 초등학교의 6학년 학생 355명을 대상으로 부모의 학습지원 행동은 자녀의 학습동기 및 학업성취도에 유의한 영향이 있음을 밝혔다. 또한 Gottfried, Fleming은 9살 된 아동 101명을 대상으로 한 종단연구에서 학습 과정에서 즐거움, 학문적 호기심, 과제지속성 및 가치, 새로운 학습경험 등 아동의 내재적인 학습동기는 10살 때의 학업동기 및 학습 성취도에 유의한 영향을 주고 있음을 검증하였다(문은식 · 김충희, 2003). 이런 보고들로 볼 때 가정에서 어떻게 하느냐의, 부모의 학습지원 행동에 따라 자녀의 스트레스는 물론 학업성취도까지 달라지는 것이므로 구체적으로 어떤 도움을 주면 좋을지에 대한 고민이 필요할 것이다.

▶▶ 가정 프로그램

활동명	나의 안정감 알아보기
목표	안정감이 무엇인지에 대해 알아보고 학습에 어떤 도움이 되는지 생각해 본다. 자신의 안정감 수준을 알아본 후, 불안감을 없애고 안정감을 찾을 수 있는 방법에 대해 생각해 보도록 한다.
활동방법	1. 내가 안정된 상황과 불안한 상황에 대해 생각해 본다. 활동지 질문에 맞는 답을 작성한다. 2. 어떻게 하면 안정감을 유지할 수 있는지에 대해 생각해 보고 이야기 나눈다.

나의 현재 안정감 수준 분석해보기

1. 내가 가장 불안감을 느끼는 상황은 주로
   (1) 언제____________________
   (2) 어디서____________________
   (3) 누구와 있을 때____________________
   (4) 왜?____________________
   (5) 어떻게 되나?____________________

2. 내가 가장 안정감을 느끼는 상황은 주로
   (1) 언제____________________
   (2) 어디서____________________
   (3) 누구와 있을 때____________________
   (4) 왜?____________________
   (5) 어떻게 되나?____________________

TIP 부모 tip

구체적인 질문을 하면 자녀가 질문지를 작성하는 데 도움을 줄 수 있습니다. 구체적인 질문의 예는 다음과 같습니다.

1. 시험 볼 때 항상 불안하다.
2. 중요한 일을 시작하려면 실수할 거라는 걱정이 많이 된다.
3. 시험을 보다가 머릿속이 하얗게 된 경험이 있다.
4. 기분이 다운되면 아무것도 할 수가 없다.
5. 감정기복이 심하다.

활동명	명상하기
목표	• 명상을 함으로써 안정감을 높일 수 있도록 한다. • 마음을 가다듬고 원인을 생각해 불안감을 떨쳐버리도록 한다.
활동방법	1. 학생은 편안한 자세를 취한다(발 모아 앉기, 몸을 자연스럽게 편 상태로 눕기). 2. 부모님이 아래에 적힌 대로 천천히 읽어준다. 하나를 읽어주고 충분히 명상을 취할 시간을 주고 다음 단계로 넘어가도록 한다.

명 상

1. 눈을 감고 자신의 몸 속에서 '불안감'이 뭉쳐 있는 곳이 어디인지 찾아낸다(가슴, 배, 머리 등……).
2. 불안감의 에너지가 몸의 특정 부위에서 허리케인처럼 돌고 있음을 느껴보고, 그 중심부에 생각을 모은다.
3. 모아진 의식이 레이저 광선이 되어 불안감 에너지를 그 중심에서부터 조금씩 천천히 태워나간다.
4. 불안감 에너지를 거의 다 태웠다고 생각되면 그 장면을 더 크게 확대시켜 한 점도 남김없이 완전히 태워 없앤다.
5. 몸 안에 남아 있는 불안감 에너지가 더 있는지 천천히 느껴본다.

6. 맨 처음 자기 안에 불안감을 일으켰던 원래의 것을 떠올려 보고 처리되지 않은 불안감 에너지가 남아있는지 다시 한 번 확인한다.
7. 마음이 편안해졌으면 천천히 눈을 뜨고 명상을 끝낸다.

위 방법은 '코어(Core) 기술' 이라 불리며 불안감을 포함한 모든 '해결되지 않은 감정' 을 처리하는 데 효과적이다. 이 방법은 부정적인 감정에서 벗어날 수 있는 가장 신속한 방법으로 알려져 있으며, 소요되는 시간은 학생들에 따라 짧게는 5분에서 길게는 30분 정도 사용하였다. 시험 불안을 호소하는 학생들에게 이 방법을 알려주었더니 매우 효과적이라는 피드백들이 있었다.

출처 : 순수의식, 톰 스톤, 아시아코치센터

TIP 부모 Tip-이완훈련-점진적 근육 이완하기

인간은 심신의 통합적 존재이다. 따라서 신체적 긴장이나 이완은 정서 및 심리적인 긴장과 이완 상태에 직접적인 영향을 미치게 되는데 우리는 이를 이용하여, 전체적 이완으로 심리적 긴장을 감소시킬 수 있다. 우리가 일상에서 겪게 되는 심리적, 정신적 긴장은 신경근육 등과 같은 부위의 신체적 긴장을 유발하게 되고 이와 같은 정신적, 신체적 긴장은 생활의 능률을 저하시키는 원인이 되고 있다. 이완훈련은 이러한 심리적, 신체적 긴장을 해소시켜 심신의 안정과 평온을 되찾아 스트레스에 의한 부정적인 신체 증상들을 감소 또는 방지할 수 있도록 해주므로 변화한 부정적인 신체 증상들을 감소 또는 방지할 수 있도록 해주므로 변화될 수 없는 스트레스 상황의 대처에 매우 효과적인 기법이다.

- 음악세계로 - 참가자들이 좋아하는 곡들을 선정해 음악을 듣고 이야기를 나누는 것 또한 도움이 된다.
- 좋아하는 음식을 만들거나 흙으로 반죽해 무언가를 만들면 스트레스가 해소될 수 있다 (김용복, 2001).

활동명	시험에 대비하기
목표	• 스트레스를 떨쳐버리기 위해서 시험에 대비할 수 있는 방안을 생각해 본다. • 실천해 봄으로써 시험에 대비해 스트레스를 줄일 수 있다. • 강화된 안정감을 학습에 활용할 수 있는 능력을 가지게 함으로써 학습효과를 극대화시키도록 한다.
활동방법	1. 활동지에 적힌 사항들을 읽어본다. 2. 시험에 대비하고 시험에 대한 불안감을 떨쳐버릴 수 있는 방법들을 잘 생각해 보고 활동지를 작성한다.

시험대비 실천사항

1. 시험 전

(1) 과목별로 몇 번 복습해야 스스로 '준비되었다'고 느끼는지 생각해본다.
(2) 몇 주 전에 시험계획표를 세워야 할지 파악하고 시간을 충분히 확보한다.
(3) 시험 전날 준비물을 모두 챙겨놓고 5시간 정도 잠을 잔다.
(4) ______________________________
(5) ______________________________

2. 시험 날

(1) 간단하게라도 반드시 아침식사를 해서 뇌에 포도당을 공급한다.
(2) 세안이나 머리감기는 정신을 각성시키고 뇌에 자극을 주므로 적절하게 잘 활용한다.
(3) 긴박한 마음은 단기 기억에 효과적이므로 시험 당일 아침시간을 잘 활용한다.
(4) ______________________________
(5) ______________________________

3. 시험 중

(1) 시험지를 받기 전에 잠시 눈을 감고 안정감이 몸과 마음에 가득 차게 한다.
(2) 평정한 상태에서 시험을 잘 치른 자신의 모습을 떠올리며 마음속으로 자신감 주문을 외운다.

(3) 전체 시간의 80%는 집중해서 문제를 풀고, 15%는 검토, 5%는 답안지 마킹에 배분한다.

(4) 연달아 모르는 문제가 나오더라도 당황하지 않는다. 출제자에 따라 학생들의 심리를 역이용하여 고난이도 문제를 연달아 배치하는 경우가 있다. 과감히 표시하고 넘어간다.

(5) ______________________________

(6) ______________________________

참고 : 공부에 제대로 미치게 만드는 공부책, 김송은, 웅진윙스

TIP 부모 Tip

시험에 대해 구체적으로 생각하고 계획한 후에, 내가 불안했던 이유와 안정감을 높이기 위한 나만의 방법을 다시 한번 생각해 보는 기회를 가져보세요.

✽ 내가 불안했던 이유

____

____

____

____

____

✽ 안정감을 높이기 위한 나만의 방안

____

____

____

____

____

2) 학습자 스트레스 관리 프로그램

학습자 스트레스를 해결해 주기 위해서는 학습자 스스로가 스트레스의 원인을 파악하고 해결하기 위한 적극적인 대처법을 찾아야 한다. 그리고 스트레스를 회피하지 말고 삶에서 겪어야 할 과정으로 받아들일 수 있도록 해야 한다.

학교에서 스트레스를 관리하기 위한 프로그램은 스트레스의 원인을 파악하고, 대처법을 찾는 것으로 요약될 수 있다. 학교에서는 학습자의 시험 불안이나 학습 환경과 관련하여 스트레스를 파악하고 대처할 수 있도록 돕는다.

▶▶ 스트레스 관리 프로그램의 실제

프로그램명	스트레스 관리 프로그램
목표	• 자신의 삶에 있는 스트레스 요인들을 알게 된다. • 스트레스와 연관된 느낌과 감정들을 기술하게 된다. • 스트레스를 대처하는 특별한 방법들에 이름을 지어 준다. • 행복하다는 감정을 느꼈던 상황이나 사건에 대해 설명한다. • 행복한 순간이 학생들
프로그램	**활동 내용**
스트레스 파악하기	• 나의 스트레스는? • 나를 스트레스받게 만드는 일 • 나를 행복하게 만드는 일
스트레스에 대처하기	• 긴장해소 호흡법 • 스트레스 해소법 • 합리적 사고 훈련

스트레스 파악하기

나의 스트레스는?

나는 어떤 상황에서 스트레스를 많이 받는지 생각해 보도록 합시다. 체크리스트를 통해 구체적으로 어떤 상황에서 스트레스를 받는지 파악하여 나의 스트레스 상황을 분석해 보도록 합니다.

가정 스트레스	1	2	3
가족이 화목하지 않아 속상하다.			
부모님이 늘 공부하라고 해서 짜증난다.			
부모님의 간섭이 심해서 짜증난다.			
집안형편 때문에 원하는 것을 갖지 못해 불만이다.			
내 시험 성적에 부모님이 너무 신경을 써서 부담스럽다.			
가정 스트레스 총점			
학교 스트레스	1	2	3
시험성적을 반 친구들과 비교하는 것이 두렵다.			
마음이 맞는 친구가 없어서 우울하다.			
시험 때마다 불안하고 긴장된다.			
공부를 열심히 해도 성적이 오르지 않아 실망스럽다.			
수업 시간에 선생님의 질문을 받으면 당황한다.			
학교 스트레스 총점			
주변 환경 스트레스	1	2	3
학교생활에 적응하기가 힘들다.			
주변에서 학력과 학벌을 내세우는 것이 부담이다.			
경쟁사회에서 어떤 직업을 택할까 갈등이다.			
공부하는 데 방해가 되는 주변 환경이 많다.			
주변 사람들의 잘못된 행동이 매우 실망스럽다.			
주변 환경 스트레스 총점			
스트레스 총점			

TIP 교사 Tip

이 스트레스 평가서는 여러 스트레스 척도를 바탕으로 만들어진 것입니다. 스스로 자신의 스트레스 정도를 평가해 보고 어디에서 가장 스트레스를 많이 받는지 생각해 보세요. 그리고 해결방법을 생각해 보도록 합시다.

▶ 나를 스트레스받게 하는 일

나를 힘들게 하는 일은 무엇이 있나요? 어떤 상황에서 나는 화가 나고, 스트레스를 받을까요? 예를 들면 시험에 대한 걱정, 어떤 사람에 대한 성난 감정 또는 불충분한 수면, 특별한 행사에서 기다림에 대한 흥분 등 좋은 일도 스트레스를 유발할 수 있습니다. 스트레스를 받게 하는 일이 무엇인지 생각해 보세요.

나를 스트레스받게 하는 일

나는 스트레스를 받는다. 화가 날 때도 있고, 견디기 힘든 일을 겪어야 할 때도 있다. 여러분을 화나게 하는 상황 목록을 만들어 본다. 그리고나서 여러분의 화난 기분을 다룰 수 있는 여러 가지 일들에 대한 목록을 만들어 본다.

상황과 사람	화가 났을 때 내가 할 수 있는 일은?

TIP 교사 tip

1. 같은 종류의 일이 여러분에게 스트레스를 자주 유발시켰나요?
2. 여러분에게 스트레스를 줄 것 같은 어떤 일을 알 수 있다면, 어떻게 할 수 있을까요?
3. 스트레스에 쌓인 기분이 우리들에게 어떤 도움을 주나요?

위 세 가지 질문은 학생들에게 하고, 학생들의 이야기를 들어보세요.

나를 행복하게 만드는 일

'나를 행복하게 만드는 일'에 대해 생각해 보세요. 나는 어떤 일을 할 때 가장 즐거운가요? 먹고 싶은 것을 먹을 때, 하고 싶은 일을 할 때, 보고 싶은 사람을 만날 때 등 일상생활에서 느끼는 행복에 대해 생각해 보세요.

나를 행복하게 만드는 일

나는 어떤 일을 할 때 행복한가요? 또 어떤 일이 일어났을 때 행복한가요? 나를 행복하게 만드는 일을 목록으로 만들어 보세요. 또 그때 나의 행동에 대해 적어보세요.

상황과 사람	행복할 때 나의 반응

TIP 교사 Tip

1. 어떤 사람이 행복해할 때 여러분은 어떤 이야기를 할 수 있나요?
2. 여러분이 행복할 때 여러분의 몸은 어떻게 느끼나요?
3. 여러분을 행복하게 만드는 사람은 누구인가요? 왜 그런가요?
4. 여러분의 행복감이 여러분의 일에 미치는 영향은 어떤가요?
5. 여러분이 행복할 때 공부를 열심히 하나, 또는 불행할 때 학교에서 더 열심히 공부하나요? 왜 그렇게 생각하나요?

위의 활동을 한 후에 이런 질문을 하고 학생들과 함께 이야기를 나누어 보세요.

<읽기 자료>

스트레스 경보!

여러분이 깜짝 놀라거나 큰 문제를 갖고 있다고 생각될 때 뇌는 신호를 보내 여러분의 신체가 이에 대항할 것인지 피할 것인지 준비하게 한다. 신비한 신체 반응을 통해 과정을 이해한다.

우선 아드레날린이라고 부르는 호르몬이 신체의 조직을 빠르게 움직이게 한다.
그리고…….

스트레스 대처하기

긴장해소 호흡법

심호흡은 긴장을 완화시키고, 걱정, 우울, 신경과민, 근육긴장, 피곤을 줄여줍니다. 얕은 호흡, 잦은 호흡, 찬 손과 발, 호흡교환은 심호흡 훈련으로 예방하고 치유할 수 있습니다. 또한 심호흡은 많은 사람 앞에서 말하기 전, 시험을 치르기 전, 어려운 상황을 대처하기 전 같은 긴장의 순간에 긴장을 푸는 좋은 방법이기도 합니다.

모두 편안한 자세를 취하도록 하세요(학생들을 조용한 장소에 앉히거나, 서 있게 하거나, 눕게 한다. 앉거나 서 있는 자세는 반듯해야 하지만, 경직되지 않고 편안하게 안정을 취한다.).

첫 번째 연습을 시작하기 전에 교사가 직접 학생들에게 다음과 같이 말한다.

> 여러분이 숨을 쉬는 방법을 집중해서 관찰한다. 만약 마음이 산만해져 숙제, 사소한 일, TV 또는 친구가 생각나기 시작해도 걱정하지 않는다. 저절로 이런 생각들이 사라지게 내버려 두고 나서 호흡에 관심을 돌린다. 계속해서 집중을 유지하는 것이 점점 쉬워져 곧 떠도는 생각들을 조절하는 방법을 알게 될 것이다.

적어도 한 번 교실에서 연습을 시킨 후에 학생들이 집에서 호흡을 반복할 수 있도록 한다. 학생들이 하루에 두 번, 약 5~10분 동안 호흡을 연습하도록 제안한다.

스트레스 해소법

이번 시간의 주제는 "지금하고 있는 일의 상황이 안 좋아지면 어떻게 해야 하나?"입니다. 우리 대부분은 스트레스를 받았을 때 우리 자신의 감정을 보다 더 좋게 만드는 방법을 알고 있습니다. 여러분의 방법 중 한 개는 어떤 것인가요? 여러분은 화나고 긴장되고 걱정되고 신경질이 났을 때 자신을 돕기 위해 무엇을 하나요? 아마도 부모님이나 친구에게 얘기할 것입니다. 또는 산책을 하거나 취미생활을 하기도 합니다. 스트레스를 풀기 위해 내가 어떻게 하는지 생각해 보세요.

스트레스를 해결하기 위한 나의 방법

✽ 스트레스를 해결하기 위한 나의 방법은 무엇인가?

✽ 사람에게 도움을 청하는 방법

- 물리적인 방법
- 심리적인 방법
- 구체적인 방법
- 직접적인 방법
- 간접적인 방법

TIP 교사 Tip

1. 스트레스를 받았을 때 몸은 어떤 변화를 겪나요?
2. 스트레스를 다루기 위한 긍정적인 방법을 찾는 것이 왜 중요할까요?
3. 사람들이 스트레스를 다루기 위해 시도한 부정적인 방법은 무엇일까요?

위의 세 가지 질문에 대해 학생들과 함께 생각해 보도록 하세요. 스트레스 대처방법에 대한 보다 깊이 있고 긍정적인 방향을 모색할 수 있도록 합니다.

참고-노성향 · 임선빈 · 조수연 공저(2001). 초등학생을 위한 정서지능: 정서지능 향상을 위한 50가지 활동, 양서원.

➡ 합리적 사고 변환 훈련

부정적 사고는 학습되는 것으로 이것은 사람의 인생을 좌우하기도 합니다. 하지만 이런 것은 우리가 어떻게 대처하느냐에 따라 충분히 제거할 수도 있습니다. 성공과 실패는 자아 이미지에 달려 있습니다. 자신의 사고패턴을 점검하고 합리적으로 사고하는 훈련을 통해 학습에 대한 자신감을 찾고 스트레스를 떨쳐버리도록 합시다.

여러분이 가지고 있는 부정적이거나 왜곡된 생각들을 스스로 발견하고 수정하여, 가능성을 믿고 성공적인 경험을 쌓아나가는 것이 이 프로그램의 목적입니다.

부정적 자기 암시를 긍정적으로 바꾸기

1. 내가 떨쳐내고 싶은 부정적인 자기 암시들을 찾아 써 보자.

(1) ____________________

(2) ____________________

(3) ____________________

(4) ____________________

2. 부정적인 자기 암시가 나에게 계속 작용할 경우 어떤 결과가 예상되는가?

____

____

____

____

____

____

____

____

____

____

3. 부정적인 자기 암시를 긍정적인 자기 암시로 바꾸어 써 보자.

(1) ____________________

(2) ____________________

(3) ____________________

(4) ____________________

TIP 교사 Tip

학생들이 어느 정도 부정적인 사고를 하고 있는지를 알기 위해서 다음과 같은 질문에 답해 보는 시간을 가져보도록 합니다.

- 천재들은 타고나는 것이라고 생각한다.
- 나는 공부를 해도 어느 수준 이상으로는 잘할 수 없을 것 같다.
- "난 원래 바보야." "나는 왜 이 모양일까" 같은 부정적인 생각을 자주 한다.
- 나는 잘하는 것이 아무것도 없는 것 같다.
- 어떤 일에 한두 번 실패하면 나는 그 일에 재능이 없다고 판단한다.
- 작은 실수에도 과도한 의미를 부여하며 절망하는 경향이 있다.
- 선입견이나 우연한 일에도 부정적인 의미를 부여하여 새 징크스를 만든다.

위와 같은 생각을 자주 한다면 긍정적인 생각으로 바꾸는 노력을 하도록 지도합니다.

04 | 자기주도학습

자기주도학습을 잘하기 위해서는 앞에서 언급된 모든 것이 잘 갖춰져 있어야 한다. 학교에서 진행되고 있는 프로그램 중 상당수가 자기주도학습을 목표로 하고 있고, 자기주도학습을 잘하게 하기 위해 동기 프로그램, 감성지능향상 프로그램, 스트레스 관련 프로그램을 포함시켜 진행하기도 한다. 여기에서는 그것을 전제로 앞에서 언급된 내용을 제외하고 자기주도학습을 잘하게 하기 위해 실제로 필요한 프로그램들을 구체적으로 제시한다. 예를 들어 시간관리 계획표, 독서법, 노트정리법 등 효과적인 자기주도학습을 돕기 위한 프로그램들을 소개한다. 가정은 물론 학교에서도 활용할 수 있기를 바란다.

1) 가정에서의 자기주도학습

자기주도학습은 첫째, 교육의 목표의 관점에서, 둘째, 학습의 과정으로, 셋째, 교육의 목표인 동시에 학습의 과정으로 볼 수 있다. 특히 세 번째 관점에서 볼 때 자기주도학습 능력을 기르기 위해서는 교수－학습 과정에서 학습자에게 주도권을 부여함으로써 훈련될 수 있다고 한다. 자기주도학습은 자신의 내적 능력이지만 주변의 조력자, 상황 등의 여건이 받쳐주어야 자기주도학습 능력을 기를 수 있다는 것이다. 그중에서도 '학습조력자'인 교사와 부모의 역할은 중요한데, 자기주도학습을 '학습자가 학습 상황에서 자기 스스로 또는 학습조력자들과의 상호작용을 통해 자신의 학습을 주도하고 관리하며 이루어지는 학습'이라고 보는 견해도 있기 때문이다.

특히 가정에서는 어떤 점에 주력해야 하는지 알아보려면 여러 학자들이 제시하고 있는 자기주도학습의 하위변인들에 대해 알고 있어야 한다. 앞서 밝힌 주체성, 성취지향성, 내재적 동기, 과제해결력 이 네 가지 변인 외에도 허남진(2004)이 제시한 변인을 보면 다음과 같다. 허남진은 자기주도학습(self-directed learning)을 '학습자가 교과 및 비교 학습 상황에서 주어진 학습에 대한 호기심과 열정 및 자신감을 갖고 학습방법을 계획하고 문제에 접근하며 학습에 대한 책임감을 갖고 지속적으로 탐구하여 문제를 해결하려는 학습능력의 정도'라고 개념화하고, 다음과 같은 5개의 하위요인을 밝히고 있다.

첫째, 학습 호기심. 학습에 강한 호기심을 갖고 개인적으로 학습시간을 조직하고 학습자원을 활용하며 새로운 학습을 자발적으로 계획하고 실행하며 학습을 스스로 평가하는 정도이다. 둘째, 학습 열정. 새로운 것에 대한 학습을 좋아하고 학습에 대한 강한 흥미를 갖고 있으며 무엇이든지 배우고 싶어하는 욕구의 정도이다. 셋째, 학습 자신감. 학습에 대한 자신감을 갖고 어려운 상황에서 당황하지 않고 문제해결에 적극적으로 대처하며, 능동적으로 참여하는 정도이다. 넷째, 학습 책임감. 관심 있는 주제에 대해 진지한 학습의지를 갖고 적극적으로 자신의 학습을 계획하고 해결방법을 찾으려는 욕구의 정도이다. 다섯째로 학습 탐구심은, 새로운 정보와 지식을 얻으려 하고 기존의 방식에 따르지 않고 새로운 방식으로 문제를 해결하려 하고 다양한 생각을 지속적으로 해내는 능력의 정도이다.

이상의 하위요인에서도 보면 자기주도학습 능력은 혼자 기를 수 있는 것이 아니라는 것을 알 수 있다. 이런 내적 요인을 기르기 위해서는 수동적인 학습보다는 학생이 자신의 감정과 생각을 표현하고 다른 사람과 의견을 교환하는 활동이 이루어져야 한다. 이는 학교에서뿐만 아니라 가정에서도 이루어져야 하며 부모의 정서적 지지가 반드시 필요할 것이다.

▶▶ 자기주도학습 가정 프로그램의 실제

■ 공부 환경 점검하기

활동명	나의 공부 환경
목표	1. 나의 공부 환경을 점검하고 공부를 잘할 수 있는 환경을 만든다. 2. 공부 환경 체크리스트를 점검해 보고 그렇지 않은 것들을 바꿔본다.
활동방법	1. 나의 공부 환경을 점검하고 방해 요인이 무엇인지 찾는다. 2. 방해요인을 적고 개선방안을 생각해 본다. 3. 좋은 학습 환경을 만들기 위해 해야 할 일을 생각하여 실천한다.

공부 환경 체크리스트

			그렇다	아니다
바른 자세 점검	1	의자 깊숙이 앉는다.		
	2	눈에 힘을 주고 눈동자를 크게 한다.		
	3	코, 입, 배에 힘을 준다.		
	4	혀끝을 윗니 뒤에 붙인다.		
	5	가슴과 허리를 곧게 편다.		
	6	호흡은 깊이 들어 마시고 천천히 내쉬며 복식호흡을 한다.		
	7	다리를 붙이고 앉은 키를 될 수 있으면 크게 앉는다.		
책상 환경 점검	1	책은 늘 제자리에 꽂혀 있다.		
	2	책상에는 공부를 위한 것 외에는 나와 있지 않다.		
	3	내가 필요한 것은 언제든지 어디에 있는지 잘 알고 찾을 수 있다.		
	4	책상 위를 항상 정리하는 습관을 가지고 있다.		
	5	책은 자주 쓰는 책이 가까이에 놓여 있고, 그렇지 않은 책은 멀리 있다.		
	6	책상 위 조명은 눈이 편안하다.		
	7	책상 서랍도 정리가 잘되어 있는 편이다.		
주변 환경 점검	1	공부할 때 밖에서 텔레비전을 켜놓거나 시끄럽게 한다.		
	2	공부할 때 누군가 자꾸 말을 건다.		
	3	핸드폰을 줄곧 켜놓고 공부한다.		
	4	라디오를 켜놓고 공부하는 편이다.		
가장 방해가 되는 요소나 잘못되어 있는 점				
해결방안				

TIP 부모 Tip

- 바른 자세, 공부 환경의 조건을 안 다음에는 습관화되도록 꾸준히 지켜보도록 합니다.
- 정리정돈의 중요성을 스스로 실천하는 것이 중요함을 알려주도록 합니다.
- 소음, 통풍, 온도, 조명 등을 잘 다스려서 좋은 분위기에서 공부할 수 있도록 환경부터 정돈할 수 있도록 도와줍니다.
- 핸드폰과 인터넷, 게임, 식구들의 텔레비전 시청 등 주의집중에 방해되는 요소를 찾아 해결해주도록 합니다.
- 함께 이야기 나누고 해결방안을 찾은 후 지속되도록 도와줍니다.

집중력 시간 늘리기

활동명	집중력 시간 늘리기
목표	1. 주의집중 훈련을 통해 긴 시간 집중할 수 있다. 2. 주의집중할 수 있는 시간을 스스로 정해 지킴으로써 공부하고 싶은 마음이 생기게 한다.
활동방법	1. 공부에 몇 분 동안 집중할 수 있는지를 잰다. ① 책상 앞에 시계를 놓고 공부를 시작한다. ② 공부를 하다가 의자에서 일어나거나 딴 짓을 할 때, 딴 생각이 들었을 때의 시간을 본다. 2. 다시 공부를 시작해서 몇 분 동안 집중할 수 있는가를 잰다. 3. 또다시 공부를 시작해서 몇 분 동안 집중할 수 있는가를 잰다. 4. 세 번의 집중 시간의 평균을 낸다. 5. 평균 집중 시간에 10분을 더해 집중해서 공부한다고 스스로에게 약속한다. 6. 집중력 체크표에 체크하고, 잘 지켜지면 십 분씩 늘려 나간다.

집중력 체크표

요일	주의산만 횟수		
	1회	2회	3회
월요일	분	분	분
화요일	분	분	분
수요일	분	분	분
목요일	분	분	분
금요일	분	분	분
토요일	분	분	분
일요일	분		분
평균	분		

TIP 부모 Tip-집중력을 높이는 방법(한순미, 2004)

1. 집중할 시간을 만든다.
2. 방해요인을 없앤다.
3. 마음의 준비를 한다.
4. 적절한 휴식시간을 갖는다.
5. 적합한 공부장소를 찾는다.
6. 학습하기 좋은 환경을 만든다.
7. 두뇌 활동을 충분히 할 수 있는 과제를 찾는다.
8. 학습을 놀이처럼 만든다.
9. 배운 것을 나중에 누군가에게 이야기할 계획을 갖는다.
10. 시간을 효과적으로 활용한다.

시간관리 프로그램 짜기

활동명	시간관리 프로그램 짜기
목표	1. 시간관리 프로그램을 짜봄으로써 낭비되는 시간을 줄이고 시간을 알차게 쓸 수 있도록 한다. 2. 학습시간을 스스로 계획해 실천할 수 있다.
활동방법	1. 낭비되는 시간에 대해 생각해 보고 해결책을 찾도록 한다. 2. 시간계획표를 스스로 계획해서 짤 수 있도록 한다. 3. 실천할 수 있도록 계획을 세우고 지속하도록 한다.

시간 관리

항 목		시 간	총시간
고정시간	수업 시간		
	학원 등 과외 학습시간		
	종교활동 시간		
생활시간	수면 시간		
	세면 시간		
	식사 시간		
	이동 시간		
	기타 생활 시간		
자유시간	휴식, TV, 오락		
	취미 및 동아리		
	친구와의 만남		
	기타 자유 시간		
학습시간	학교·학원 수업 외 공부 시간		

시간을 낭비한 행동	느낀 점	나의 해결 방법
1.		
2.		
3.		
4.		

– 시간계획표 작성하기

주어진 활동지에 자신의 시간을 계획할 수 있도록 한다.

주간 생활표

	월	화	수	목	금	토	일
07:00							
08:00							
09:00							
10:00							
11:00							
12:00							
13:00							
14:00							
15:00							
16:00							
17:00							
18:00							
19:00							
20:00							
21:00							
22:00							
23:00							
24:00							
01:00							
02:00							

이달의 계획표

월	화	수	목	금	토	일

한 달을 되돌아보기

칭찬할 점	칭찬할 점

주간 계획표 작성하기

과목	이번 주 해야 할 공부	예 상 시 행 일							성취도
		월	화	수	목	금	토	일	

◎ 매우 잘함　　○ 잘함　　△ 보통　　× 못 함

- 일일 계획표 작성하기

_____월 ____일 요일 : ___________

하루 시간 관리

	계획	실행
07:00		
08:00		
09:00		
10:00		
11:00		
12:00		
13:00		
14:00		
15:00		
16:00		
17:00		
18:00		
19:00		
20:00		
21:00		
22:00		
23:00		
2400		
01:00		
02:00		

오늘 해야 할 공부

번호	중요	과목	오늘 해야 할 공부	성취도
1				
2				
3				
4				
5				
6				

번호	중요	내용	성취도
1			
2			
3			
4			
5			
6			

번호	내용	확인
1		
2		
3		
4		

자기 공부 시간 확보		목표 달성률	하루성적표
계획	실행		
		%	A B C D E

칭찬할 점	반성할 점

TIP 부모 Tip

- 평소 자신의 시간 관리에 대한 실태를 점검하고, 이를 반성하는 과정입니다. 자녀들이 자신의 시간 관리 실태를 점검하도록 지도하고, 자신의 시간들 중에서 자신이 낭비한 시간은 없는지 스스로 생각해 볼 수 있도록 도와주세요.
- 계획표를 세울 때는 중요한 것부터 먼저, 자투리 시간을 활용하도록 하고, 구체적이고 실현가능한 계획을 세우도록 합니다. 자유 시간을 반드시 확보하고 혼자 공부하는 시간도 확보하도록 합니다.

2) 학교에서의 자기주도학습 프로그램

학습하는 데 주의가 분산되는 것은 외부요인과 내부요인으로 나뉠 수 있다. 외부요인으로는 소음이나 자극, 친구와 같은 요소를 들 수 있고, 내부요인으로는 잡념이나 동기 부족 등을 들 수 있다. 외부요인 때문에 집중이 되지 않는다면 학습 방해요인을 멀리하거나 제한하는 등 학습 환경에 변화를 주면 해결할 수 있다. 예를 들어 컴퓨터 오락 때문에 공부를 잘할 수 없다면 컴퓨터가 없는 방에서 공부를 하거나 전화 때문에 신경이 쓰인다면 전화를 잠시 꺼놓는 방법을 택하면 된다. 내부요인인 잡념이나 동기 부족 때문에 주의력이 분산된다면 명상을 하거나 목표를 다잡는 등 자신의 내부요인을 점검해 볼 수 있겠다. 이런 것들은 자기주도학습능력을 기르는 데에 기본이 되는 요소들로 학교에서 자기주도학습 프로그램을 진행할 때 고려되는 부분들이다.

자기주도학습능력을 기르기 위해서는 자신의 공부 환경을 점검하고, 기억력, 집중력을 기르는 훈련을 하는 것이 좋다. 구체적인 공부 방법을 습득하는 것도 도움이 되는데 앞으로 제시하게 될 오답노트 작성법이나 코넬노트법 등 자신의 학습방법을 효과적으로 바꾸는 것도 도움이 된다. 이런 프로그램을 통해 자신의 학습 행동을 조절하고, 자신의 공부 환경을 스스로 점검하여 변화시킴으로써 자기주도학습능력을 기를 수 있을 것이다.

▶▶ 자기주도학습 학교 프로그램의 실제

프로그램명	자기주도학습능력 향상 프로그램
목표	• 자신의 공부 환경을 점검하여 개선시킴으로써 자기주도학습능력을 기르도록 한다. –자기주도학습능력을 기르기 위한 내부요인 점검하기 –자기주도학습능력을 기르기 위한 공부 방법 실천하기
프로그램	**활동 내용**
자기주도학습을 위한 준비	• 학습방법 점검하기 • 집중력 기르기 • 기억력 기르기
자기주도학습 실천	• 마인드맵 학습법 • SQ3R로 독서하기 • 노트 필기법

자기주도학습을 위한 준비

학습방법 점검하기

여러분들은 어떻게 공부를 하나요? 공부하는 습관에 대해 생각해 본 적이 있나요? 나누어준 활동지에 여러분이 공부하는 습관을 적어보세요. 가장 자주 사용하는 방법을 1, 그다음을 2로 해서 순서대로 적어보세요.

내가 공부하는 방법은?

나는 어떤 방법으로 공부를 하고 있나요? 다음의 내용을 읽고 자신에게 해당하는 것에 표시를 해보세요. 그리고 여러분 각자가 중요하다고 생각하는 순서대로 순위를 매겨 보세요.

☐ 수업 시간 중 선생님이 중요하다고 강조한 것은 외운다.
☐ 공부한 내용 중 중요한 것이 무엇인지를 파악하려고 노력한다.
☐ 교과서에 나온 그림이나 표 중에서 중요한 뜻을 찾아내려고 한다.
☐ 혼자 공부할 때 계획을 세워 적당히 쉬어가면서 공부한다.
☐ 학습 내용 전체를 읽은 다음 중요한 것은 외운다.
☐ 이해가 되지 않는 내용은 참고서를 통해 해결한다.
☐ 배운 내용을 생활과 관련지어 응용해 보려고 노력한다.
☐ 예습과 복습은 내 힘으로 한다.
☐ 기억을 잘하기 위해서 같은 내용을 반복해서 외운다.
☐ 교과서 내용을 전체적으로 파악한 후 중요한 내용을 집중적으로 암기한다.
☐ 공부에 관계되는 여러 가지 책이나 자료를 많이 모아둔다.
☐ 앞으로 배울 내용의 서적을 읽는다.
☐ 중요하다고 생각한 것은 다시 요약해 써 본다.
☐ 공부한 내용의 의미를 여러 가지로 생각해 본다.
☐ 교과서 내용을 이해한 후 그것이 가지는 의미를 생각한다.
☐ 공부할 때 모르는 것이 있으면 친구와 해결 방법을 의논한다.
☐ 교과서에 있는 내용을 반복해서 공부한다.
☐ 공부한 내용을 이해하기 위하여 친구와 토론 시간을 갖는다.
☐ 남의 도움 없이 자료나 인터넷상에서 혼자 해결해 볼 수 있다.
☐ 00과목에서 해결해 본 문제를 다른 과목에도 연결시켜 생각한다.

기타의 다른 방법

☐ ______________________________
☐ ______________________________
☐ ______________________________

교사 Tip

학습방법 점검하기 프로그램과 함께 학습전략 프로그램을 함께 하면 더 효과적입니다. '나는 왜 공부를 하는가?' 에 대해 생각해 볼 수 있도록 학습동기 프로그램을 진행하도록 합니다.

1. 내가 공부하는 이유는?
2. 목표가 필요한 이유는?
3. 목표 세우기 - 나의 최종 목표는?

4. 전략 세우기
   -어떤 방법으로 목표를 이룰 수 있는지 써 보세요.
   -어떤 준비를 해야 할까요?
   -어떤 이와 함께 준비할 수 있을까요?

5. 시기별 목표
   각 시기별로 어떤 목표를 이룰 것인지 목표를 세워 보세요.

시기별 계획	시기별 목표	준비 사항	비고
1일			
1주일			
1달			
6개월			
1년			
2년			
3년			

6. 시기별 전략
   -무엇을 어떻게 하며 생활 할 것인가를 생각나는 대로 적어보세요.
   -같은 내용끼리 묶어서 제목을 붙여 보세요.
   -어떤 어려움을 겪을 수 있는지 생각해 보세요.
   -어려움을 극복할 수 있는 나만의 비법이 있다면 무엇인가요?
   -각 시기별 구체적인 방법에 대해 기록해 보세요.

집중력 기르기

아래 체크리스트를 통해 나의 집중력을 체크해 보세요. 이 체크리스트는 집중력과 관련된 체크리스트로 자신의 집중력과 집중하려는 의지에 대해 생각해 볼 수 있도록 작성된 것입니다. 체크하고 나의 집중력 정도가 어떤지 참고해 보세요.

내 용	예	아니오
1. 책상에 앉자마자 공부를 시작한다.		
2. 텔레비전을 보다보면 공부 시간이 뒤로 미뤄진다.		
3. 공부에 필요한 것들은 잘 배치되어 있다.		
4. 공부할 때 쉽게 피곤하고 졸리다.		
5. 공부에 방해가 된다면 듣고 있는 음악을 끈다.		
6. 공부하다가 쉽게 주의가 산만해진다.		
7. 공부하는 시간에 비해 공부하는 양이 적다.		
8. 공부할 때 조용히 해 달라고 식구들에게 말한다.		
9. 공부할 때 집중을 더 잘하기 위해 쓰기도 하고 읽기도 한다.		
10. 공부할 시간을 정해 놓으면 끝까지 한다.		
11. 공부하는 도중에 공상을 많이 한다.		
12. 마음이 산만해질 때 주의를 환기시켜 다시 집중할 수 있다.		
1, 3, 5, 8, 9, 10, 12번은 예가 1점, 아니오가 0점, 2, 4, 6, 7, 11번은 예가 0점, 아니오가 1점으로 계산해보세요. 10점 이상이면 집중력이 높은 편, 5점 이하라면 집중력을 기르도록 더욱 노력해야겠네요.		

출처: 김순혜(2006). "4주간의 공부 혁명", 랜덤하우스중앙

집중력 부족 원인 찾아보기

위의 체크리스트에서 집중력이 높게 나온 친구, 낮게 나온 친구 모두 함께 집중력을 부족하게 만드는 원인을 생각해 보도록 합시다.

요 인	내 용	체 크
심리적 요인	가족이나 친구와의 관계가 불편하다.	
	스트레스가 많다.	
	인터넷(혹은 게임)이 자꾸 하고 싶다.	
	이성 친구가 보고 싶다.	
	음악을 들어야 공부가 된다.	
	내가 하고 있는 것이 정말 나를 위한 것인지 모르겠다.	
	공부나 시험에 대한 불안감이 크다.	
학습적 요인	15분 이상 책 읽기가 어렵다.	
	공부 내용이 어려워서 힘들다.	
	공부할 분량이 명확히 계획되어 있지 않다.	
	하루에 한두 과목 이외에는 공부하기가 힘들다.	
신체적 요인	운동을 전혀 하지 않아 몸이 긴장되어 있다.	
	잠을 못 자서 피곤하다.	
	최근에 감기나 기타 질병을 앓은 적이 있다.	
	컨디션이 쉽게 나빠진다.	
환경적 요인	근처 사람들의 대화에 신경이 쓰인다.	
	공부하는 도중에 방해하는 친구가 있다.	
	늘 TV, MP3, 핸드폰과 함께 한다.	
	공부하는 주위에 더 흥미가 가는 물건이나 책들이 있다.	
	공부방의 공기가 답답하다.	
	의자가 불편하다.	

출처: 김송은(2005). 공부 잘하고 싶으면 혼자서 공부해라, 한스미디어

위의 항목들 외에 나의 집중을 방해하는 요인이 있다면 빈 칸에 적고 체크하시면 됩니다. 다음은 이러한 문제들을 해결할 방법을 찾아보는 활동입니다.

집중력을 방해하는 요인들의 해결책 찾기

학업에의 집중을 방해하는 요인들을 앞의 체크리스트를 보고 정리해 둡니다. 그다음에 각 요인을 해결할 수 있는 방법을 생각해 적어보는 것입니다. 단 1%의 변화라도 가져올 수 있는 것이면 다 적어 봅시다. 해결책을 적은 다음에는 1주일 동안 그대로 노력합니다. 1주일이 지난 후 자신이 얼마나 변화했는지 스스로 평가하고 칭찬하는 것입니다(잘한 정도에 따라 ☆를 까맣게 칠하세요.).

요 인	내 용	해결책	칭찬하기
심리적 요인			☆☆☆☆☆
학습적 요인			
신체적 요인			
환경적 요인			

TIP 교사 Tip

위의 세 가지 활동을 한 후에는 실천계획을 세워봅니다. 행동강령처럼 반드시 지키도록 적어놓고 책상에 붙여놓도록 합니다.

행동강령 - 집중력 향상을 위해 이것만은 반드시 지킨다!
1.
2.
3.

기억력 기르기

공부한 내용을 오래 지속시키는 것이 효율적인 공부의 비법입니다. 다음의 방법으로 연습을 해 보고 습관이 되도록 해 보세요.

읽기자료

1. 기억을 돕는 전략
   (1) 펙타입 방법(peg-type Method)
      • 장소나 단어와 연관지어 기억하기, 위치법과 두문자로카이법(loci method),두문자 어법(acronym)
   (2) 체인 방법(Chain method)
      • 쇠사슬 고리를 연결하듯이 연관지어 기억하기
      예) 원숭이 OO들 빨개, 빨가면 사과, 사과는 맛있어, 맛있으면 바나나, 바나나는 길어, 기차는 빨라, 빠르면 비행기, 비행기는 높아, 높으면 백두산, 동해물가 백두산이 마르고 닳도록~

(3) 키워드 방법(keyword method)

• 단어의 일부의 발음 내용과 내용을 관련짓는 방법

예) ‣ 조선시대 왕 외우기

－태정태세 문단세 예성연중 인명선, 광인효 현숙경, 영정순, 헌철 고순

‣ #이 붙었을 때의 조표 순서

－밤나무 가로수다(바장조, 나장조, 마장조, 가장조, 라장조, 사장조).

‣ b이 붙었을 때의 조표는 #을 꺼꾸로 해서

－신랑가마 나쁘다(사단조, 라단조, 가단조, 마단조, 나단조, 바단조).

2. PQ4R법(6단계의 기억 전략법)

(1) 사전 검토(preview) : 읽고자 하는 장, 절, 항의 중요내용(요약)을 먼저 파악한다.

(2) 질문(Question) : 각 절에 대하는 책을 읽는 목적과 관련된 질문들을 써 본다.

(3) 숙독(Read) : 주요 개념들, 이를 뒷받침해 주는 세부사항들에 유의하면서 책 읽기

(4) 숙고(Reflect) : 책을 읽으면서 예를 생각해 보거나 자료를 그림 그려보기

(5) 암송(Recite) : 한 절을 읽은 다음 책을 보지 않고 다음 내용을 정리해서 떠올려 보기

(6) 복습(Review) : 복습은 새로운 자료를 장기 기억 속으로 완전하게 연결해 준다.

3. 망각을 방지하고 기억을 오래 유지하기 위한 방법

(1) 적절한 계획을 세워서 반복 학습한다.

(2) 반복 학습한 직후에 되풀이 해 보는 것이 효과적이고 간격을 두고 때때로 반복하는 것도 효과적이다.

(3) 한 학습을 완전히 끝내고 다음 학습으로 넘어가는 것이 효과적이다.

(4) 의미 있는 자료를 질서 있게 정리한다.

(5) 최초 학습을 확보하기 위한 적절하고 광범위한 학습 기회를 갖는다.

(6) 기억 하려는 의욕이 있어야 한다.

(7) 학습의 양을 늘린다.

기억력 기르기

다음의 내용을 읽고 나눠준 자료의 방법을 이용하여 기억해 보도록 합니다.

또 실패한 나로호 발사, 너무 서둔 건 아닌가

우리나라의 첫 우주발사체 나로호(KSLV-1)가 2차 발사 과정에서 폭발해 추락했다. 나로호는 발사 137초 뒤 고도 70km 지점에서 폭발한 것으로 추정된다. 지난해 8월 1차 실패 이후 두번째다. 우주개발이 얼마나 어렵고 험난한 길인지를 잘 보여준다.

이번 실패는 현재의 우주발사체 개발 과정에 심각한 문제가 있음을 말해준다. 지난해 1차 발사 실패 때는 위성의 덮개인 페어링이 분리되지 않아 실패했지만 이번에는 제대로 날아가보지도 못하고 폭발로 추락했다. 페어링이 분리되기 1분 30여 초 전이다. 너무 어이없는 결과다. 1단 로켓이 폭발하는 바람에 페어링 분리는 물론 1단과 2단 로켓의 분리, 2단 로켓 점화 등은 해보지도 못했다.

일단 책임은 1단 로켓을 제작한 러시아 회사 쪽에 있다. 이유 없이 자체 폭발했다면 연료공급장치 등에 이상이 있다고 볼 수밖에 없다. 정부는 사고 원인을 정확히 조사하는 것은 물론 러시아 쪽에 철저히 책임을 물어야 할 것이다. 우리 정부도 책임을 피해 갈 수는 없다. 나로호는 그동안 8차례의 발사 연기와 한 차례의 발사 실패를 경험했다. 2차 발사를 앞두고도 지난 7일 전기신호 이상으로 발사체 기립이 5시간이나 지연됐다. 그제는 발사 3시간 전 소방설비가 잘못 작동해 발사가 연기됐다. 그런데도 연기 하루 만에 바로 재발사를 추진했다. 발사 시스템을 충분히 재점검하지 않은 채 혹시라도 다른 이유가 있어 너무 서둔 건 아닌지 궁금하다.

1단 로켓을 전적으로 러시아에 의존해온 것도 문제다. 발사 준비 과정에서 우리 기술진은 1단 로켓에 제대로 접근하지도 못했다. 하지만 폭발 원인을 찾아내는 과정에서 러시아 쪽에 전적으로 의존해선 안 된다. 또한 폭발 원인 규명에만 그치지 않고 그동안의 나로호 발사 과정을 원점에서 재점검할 필요가 있다. 정부는 충분한 시간을 두고 모든 과정을 검토한 뒤 3차 발사 추진 여부를 검토해야 할 것이다.

한겨레 2010년 6월 11일

읽은 내용 중 기억한 것을 다시 적어보도록 하세요. 최대한 많이 적고 친구들과 비교하고 이야기해 보도록 합니다.

TIP 교사 Tip-학습과 기억력

- 기억력은 일정한 기준까지 학습한 경우를 100%로 할 경우 다시 그 이상으로 반복하면 기억력이 좋아진다.
- 분산학습이 집중학습보다 오래 기억된다.
- 학습 준비 자세가 기억력 유지에 영향을 미치는 중요한 조건이 된다.
- 단어에 의미를 부여할 때 오래 기억된다.
- 학습 정도와 학습량을 정해 주었을 때 오래 기억된다.
- 유쾌한 자료는 오래 기억되고, 다음이 불유쾌한 자료이며, 중성적 자료가 가장 적다.
- 미완성 과제가 완성 과제 보다 기억 재생력이 좋다.
- 깨어있는 때보다 잠자는 시간에 망각이 완만한 속도로 진행된다.

이 프로그램은 학생들이 자신의 공부하는 습관에 대해 확인해 봄으로써 공부하는 방법에 대한 현실적인 계획을 수립할 수 있습니다.

- 학생들의 공부 습관을 개선함은 물론 자기주도적인 학습 방법을 찾아낼 수 있습니다.
- 학생의 학교 수업에서의 집중력을 다지고 수업이외에 자기주도적 학습력을 높일 수 있습니다.

자기주도학습 실천

마인드맵 학습법

'마인드맵'은 왼쪽 뇌와 오른쪽 뇌의 기능을 합치도록 고안된 필기 방법입니다.

공부를 할 때 양 뇌가 서로 도와가며 우뇌에서는 시각적 이미지를, 좌뇌에서는 언어적인 것을 기억하면 더 기억이 잘되겠죠?

좌 뇌	우 뇌
논리, 연산, 단어, 직선 분석, 숫자, 배열, 목록	곡선, 공상, 색깔, 음악, 입체, 공간, 상상력

능률적이지 못한 노트 필기 형태는 집중력을 떨어뜨리고, 시간을 낭비하게 하며, 지루함과 좌절감을 준다. 따라서 왼 뇌와 오른 뇌의 기능을 통합하고 활성화할 수 있는 필기 방법을 고안한 것이 '마인드맵'입니다. 마인드맵을 연습해 봄으로써 학습하는 데 사용해 보도록 합시다.

마인드맵 그리는 순서

<읽기 자료>

마인드맵 그리는(마인드맵핑) 순서

① 중심이미지 그리기	② 주가지 그리기
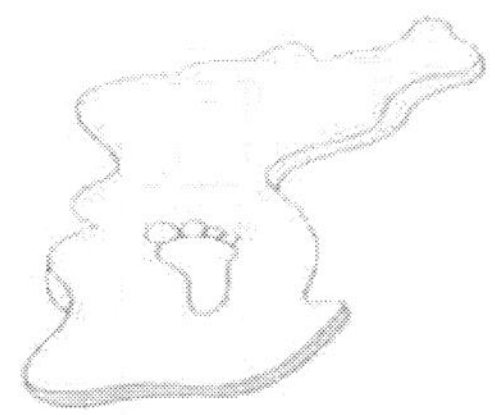	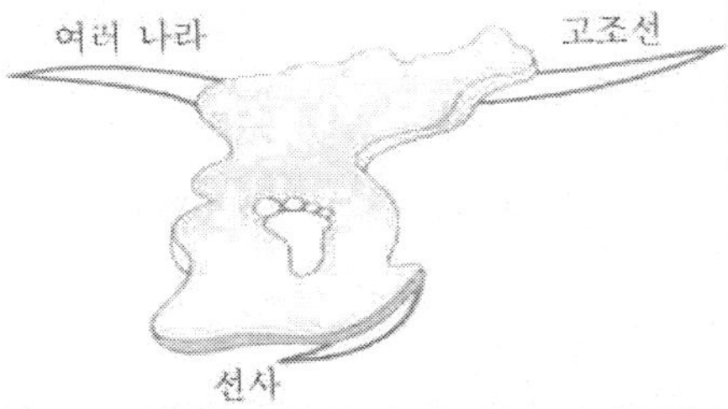
종이를 가로로 놓고 중앙에 주제를 표현하는 이미지를 3~4색으로 그립니다.	이미지와 연결하여 한 가지 색으로 낱말이나 그림, 상징 기호를 올려놓을 수 있도록 굵게 시작하여 가늘어지는 모양으로 그립니다.

③ 부가지 그리기	④ 세부가지 그리기
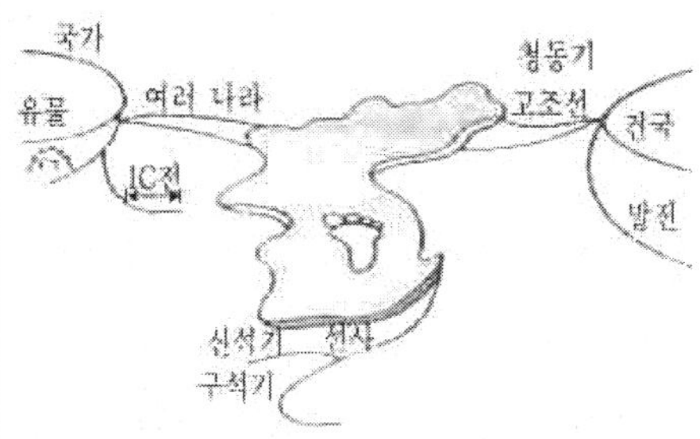	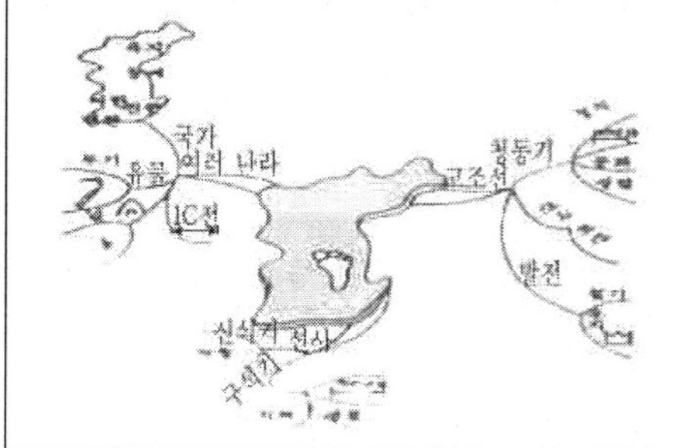
주가지와 같은 색으로 연결하여 그립니다. 한 가지 위에 하나의 핵심 단어나 이미지를 올려놓으며 자세한 내용을 표현합니다.	부가지와 연결하여 부가지보다 자세한 내용을 가지를 통해 뻗어가도록 표현합니다. 자유롭고 재미있게 뻗어 나갑니다.

TIP 교사 Tip

마인드맵은 언제 사용할까요?

공부한 내용을 정리하는 데 사용합니다.

떠오르는 생각을 펼치는 데 사용합니다.

계획을 세우는 데 사용합니다.

듣는 내용을 요약하여 정리하는 데 사용합니다.

마인드맵의 좋은 점은 무엇일까요?

색깔을 사용하여 내용을 즐겁게 기록할 수 있습니다.

시간 절약이 됩니다.

사용한 그림, 기호, 색깔, 이미지가 기억을 돕습니다.

많은 내용을 한 장에 요약할 수 있습니다.

마인드맵 그리는 법

- 핵심단어나 이미지만 사용합니다.
- 문장을 사용하지 않습니다.
- 여러 가지 색깔의 펜을 사용하여 내용을 그리거나 씁니다.
- 종이를 가로로 놓고 시작합니다.
- 종이 가운데에서 시작하여 가지를 계속 만들어 가며 내용을 기록해 갑니다.

이미지화하기

내가 읽은 책 중에서 가장 기억에 남는 책의 주인공을 그리고 그와 관련해서 떠오르는 이미지를 마인드맵으로 그려보세요.

SQ3R로 독서하기

여러분들은 어떻게 독서하고 있나요? 독서하는 방법을 생각해 봅시다. 그리고 다음과 같이 독서해 봅시다. 독해력은 모든 공부의 필수조건입니다. 독해력을 기르기 위해서는 수시로 읽는 습관이 필요합니다.

전략적인 독서방법

✽ 나는 어떤 방법으로 독서하나요? 나의 독서방법을 생각해서 적어보세요.

나의 독서 방법

- ☐ ____________________
- ☐ ____________________
- ☐ ____________________
- ☐ ____________________
- ☐ ____________________
- ☐ ____________________

✽ 아래 내용을 읽고 전략적인 독서방법에 대해 생각해 보세요.

전략적인 독서 방법

- ☐ 전체 윤곽을 먼저 파악한다.
- ☐ 내용을 읽으며 핵심개념을 찾는다.
- ☐ 쉬운 몇 개의 단어로 그것을 요약한다.
- ☐ 느낌을 써 본다(독후감, 일기, 메모 형태).

SQ3R로 독서하기

□ 훑어보기(Survey) : 제목, 소제목, 차례, 삽화 등 글 전체 훑어보기
제목은? 소제목은? 표나 그림 수는?

□ 질문하기(Question) : 책 내용에 대해 궁금증 갖기
제목을 의문문으로 바꿔보면? 제목과 관련하여 궁금한 것 메모하기.

□ 자세히 읽기(Reading) : 본문, 표, 그래프, 도표까지 자세히 읽기
질문과 관련된 내용에 밑줄을 그었는가?, 질문과 관련된 중요 내용 요약해 보면? 어려운 단어 메모하기, 핵심단어나 구절 메모하기

□ 되새기기(Recite): 글의 목적, 동기, 핵심 내용 정리
내용을 보지 않고 요점 정리해 보면?, 글의 내용 요약정리, 글쓴이의 의도 파악하기

□ 다시 보기(Review) : 다시 읽기, 암기
읽은 내용은 무엇인가? 질문 내용을 보지 않고 말해보면? 글의 내용 자신의 말로 표현하기, 자신의 질문에 대한 답변과 글 전체의 내용 요약정리

아래 내용을 SQ3R로 읽어보세요.

마지막 손님이 가게를 막 나가고 나서, 이제 슬슬 문앞의 옥호(屋號)막을 거둘까 하고 있던 참에, 출입문이 드르륵 하고 열리더니 두 명의 아이를 데리고 한 여자가 들어왔다.

여섯 살과 열 살 정도의 사내아이들은 새로 사 입은 듯한 트레이닝 차림이고, 여자는 계절이 지난 체크 무늬의 반코트를 입고 있었다.

"어서 오세요!"

상냥하게 맞이하는 여주인에게 그 여자는 머뭇머뭇 말을 건넸다.

"저……우동……일인분만 주문해도 괜찮을까요?"

"네……네. 자, 이쪽으로."

난로 곁의 2번 테이블로 안내하면서 여주인은 주방 쪽을 향해,

"우동, 일인분!"

하고 외친다.

주문을 받은 주인은 잠깐 일행 세 사람에게 눈길을 보내고 나서,
"예!"
하고 대답하고, 일인분의 우동 한 덩어리와 거기에 반 덩어리를 더 넣어 삶는다.

둥근 우동 한 덩어리가 일인분의 양이다.
손님과 아내에게 눈치 채이지 않게 하려는 주인의 배려로 수북한 분량의 우동이 삶아진다.

이윽고 김이 모락모락 나는 먹음직스러운 우동 한 그릇이 테이블에 나왔다.
우동 한 그릇을 가운데 두고, 이마를 맞대고 먹고 있는 세 사람의 이야기 소리가 카운터 있는 곳까지 희미하게 들린다.
"맛있네요." 하는 형의 목소리.
"엄마도 잡수세요."
하며 한 가닥의 국수를 집어 어머니의 입 안에 넣어 주는 동생.
이윽고 다 먹고 나서 150엔의 값을 지불하며,
"맛있게 먹었습니다."
하고 머리를 숙이고 나가는 세 모자에게,
"고맙습니다. 새해엔 복 많이 받으세요!"
하고 주인 내외는 목청을 돋워 인사했다.

<우동 한 그릇> 중에서

〈글의 내용을 보지 않고 요약 정리해서 적어보세요〉

TIP 교사 Tip-독서 요령

① 독해하기 : 중심 대상을 포착하고 필자의 의도를 파악하여 글의 중심 내용을 찾아낸다.
② 삭제하기 : 부수적이고 덜 중요한 것이나 반복되는 내용을 삭제한다.
③ 일반화하기 : 하위 개념은 상위 개념으로 대치, 구체적인 내용은 일반화한다.
④ 선택하기 : 글을 읽고 글 속에 명시적으로 드러난 주제문을 선택한다.
⑤ 재구성하기 : 주제문이 명시되지 않았을 경우에는 전체의 문맥으로부터 추리해 내야 한다.

노트 필기법

필기는 나만의 교과서를 만드는 과정입니다. 효과적인 노트 필기는 수업의 전체적인 개관과 핵심 내용을 파악하고 시간이 지난 후 수업 내용을 되살리는 데에 필수적입니다. 이를 위해서는 우선 무엇보다도 논리적이면서도 기억하기 쉬운 조직화된 노트 필기 시스템이 필요합니다.

1. 코넬 노트 작성법(The Cornell Method)

대표적인 노트 조직화 방법으로 미국의 코넬 대학에서 고안한 '코넬 노트'가 있다. 다음 예시처럼 노트를 세 등분하여 적는다.

제 목	
② 공간 B 키워드 영역 : 수업이 끝난 후 수업 내용을 암송, 복습, 숙고하기 위한 Key-Word 즉 단서를 정리하는 지면이다.	① 공간 A 노트 필기 영역 : 노트 필기를 할 곳. 수업 시간에 교사가 제시하는 내용을 상세히 적는 지면이다.
③ 공간 C 요약 영역 : 페이지의 내용을 한두 문장으로 요약 정리하는 지면이다. 부연 설명, 질문할 내용, 추가 사항 등을 적어 두어도 좋다.	

노트 필기의 5R : 수업을 들으면서 노트 필기를 하는 동안 지켜야 할 다섯 가지를 정리한 것이다.

① 기록(Record) : 수업을 듣는 동안, 가능한 한 많은 의미 있는 사실과 아이디어를 A 지면에 기록하라. 읽기 쉽게 적어라. 노트 필기의 효율을 높여주는 나만의 약속 기호를 개발한다.

② 축소(Reduce) : 가능한 한 빨리 그런 사실과 아이디어를 간결하게 B 지면에 요약하라. 요약은 의미와 관계를 명백하게 하고, 연속선을 보강하며, 기억을 강화한다.

③ 암송(Recite) : A 지면을 가리고, B 지면에 메모해 둔 것을 바탕으로 강의 내용을 가능한 한 완전하게 말해보라. 그러고 나서 말한 것을 확인하라.

④ 숙고(Reflect) : 노트에서 자신의 견해를 이끌어 내어 그것을 다른 과목과의 연관성을 파악하는 데 이용하라. 숙고는 아이디어가 활성화되지 못하는 것을 막아 줄 것이다.

⑤ 복습(Review) : 기억과 암기를 위해 반복적인 복습을 한다.

TIP **'노트 필기의 효율을 높여주는 나만의 약속 기호'의 예**

HEAD	☆ : 시험에 나올 만한 중요한 부분 ∨ : 잘 이해가 안 돼서 추후 보충이 필요한 부분 Q : 잘 이해가 안 돼서 질문을 통해 해결할 부분(많은 학생들이 오로지 ☆ 하나로 '중요한 것'과 '잘 모르는 것'을 혼동하여 표시하는데 효율적인 학습을 위해 이 두 가지를 구분할 필요가 있다.)
TAIL	ⓜ : My opinion 즉, 교사의 설명이나 의견과 다른 경우 내 생각 또는 아이디어를 그때그때 적어두자. → : 부연설명이 잘되어 있는 다른 자료, 참고서의 페이지 등을 적어둔다. (해당 자료에 접착식 포스트잇을 붙여두면 공부할 때 쉽게 찾을 수 있다.)

TIP 교사 Tip-노트 필기 요령

(1) 3색 볼펜
- 수업 시간 필기는 색깔 있는 펜 사용, 색 사용 부분 정하기
- 소단원이나 구체적인 내용 앞에 어떤 특수문자 사용할지 정하기

(2) 한 곳에 몰아서 필기 - 교과서나 공책

(3) 포스트잇 사용 - 교과서 필기 시

(4) 수업 시간 막 노트에 필기하기
- 복습하며 교과서에 필기 - 시험 기간 정리노트 만들기

(5) 복사나 오려서 붙이기
- 도형이나 도표 등 옮기기 어려운 문제

(6) 오답노트
- 틀린 이유나 정답의 근거 써 놓기, 모르는 단어도 쓰기

(7) 여백 남기기 - 형광펜이나 빨간 펜으로 밑줄 긋거나 칠하기

(8) 수업 시간과 수업이 끝난 직후에 쓰기

(9) 수업이 끝난 뒤에 주요 핵심 단어만 기록

(10) 수업 후에 한 두 문장으로 요약하기

(11) 대단원 소단원, 일시 기록

2. 오답노트 작성법

오답이 왜 오답인지를 공부하고, 틀리는 문제를 정확하게 풀어봐야 그 문제를 자기 것으로 만들 수 있습니다. 오답노트를 만드는 과정에서 모르는 기본 내용이 발견되면 기본이 되는 교재에서 그 내용을 한 번 더 숙지하고 정리해 두어야 합니다.

오답노트는 공책 한쪽에 한 문제를 작성하는 것을 기본으로 합니다.

문 제	
풀이 과정	**해답 과정**
내가 이 문제를 틀린 이유	**이 문제에서 꼭 알아 두어야 할 사항**
① 문제를 정확히 안 읽어서 ② 문제를 이해 못해서 ③ 문제가 어려워서 ④ 계산상의 실수 때문에(수학 과목인 경우) ⑤ 기타( )	

① 문제 : 틀린 문제나 잘 모르는 문제를 복사해서 붙인다. 수학 문제인 경우 손으로 직접 써도 좋다.

② 풀이 과정 : 틀린 문제나 잘 모르는 문제를 다시 풀어보는 란이다. 처음 문제를 풀 때의 풀이와 반드시 비교해 본다.

③ 해답 과정 : 잘 모르는 부분에 해당하는 것을 교과서나 참고서에서 찾아 옮기고 학습한다. 이때 단순히 옮기는 작업을 해서는 안 되고 사고의 과정을 거치도록 해야 한다.

④ 내가 이 문제를 틀린 이유 : 해당 번호에 ∨ 표시를 한다. 같은 실수를 반복하는 것을 막아준다.

⑤ 이 문제에서 꼭 알아두어야 하는 사항 : 핵심 개념이나 공식 등을 꼭 알고 있어야 하는 것을 적는다.

오답노트 활용 5계명

① 오답노트 작성 범위를 넓힌다.

√ 시험에서 틀린 문제뿐만이 아니라 애매하거나 혼동했던 문제도 적는다.

√ 맞힌 문제라도 출제빈도가 높은 중요 문제는 적는다.

√ 수업 시간에 잘 풀지 못한 문제도 오답노트에 적는다.

② 문제가 출제된 곳의 페이지를 함께 기록해 두었다가 나중에 참고한다.

③ 혼자 해결 못 하면 친구나 선생님께 물어서 반드시 이해한다.

④ 쉬는 시간 등 자투리 시간을 활용하여 자주 읽어보고 암기한다.

⑤ 시험 치기 전 날에는 반드시 오답노트 내용을 훑어본다.

제 03 부

감·동·학·습에 관한 연구

학업성취도를 높이는

감성지능

학습**동**기

학습자스트레스

자기주도학**습**

감·동·학·습은 학업성취도를 높이는 변인인 감성지능, 학습동기, 학습자스트레스, 자기주도학습을 말한다. 이는 학업성취도에 주요 변인이며 이것을 설명하기 위해 저자의 연구논문을 소개하고자 한다. 여기에서는 연구의 핵심 내용만 발췌하여 소개하므로 자세한 내용은 저자의 논문을 참고하기를 바란다.

Chapter 07

학업성취도를 좌우하는 네 가지 변인 연구

앞에서 설명한 것처럼 감성지능, 학습동기, 학습자 스트레스, 자기주도학습, 이 네 가지 변인은 학업성취도에 중요한 영향을 미치는 것들이다. 이런 변인들에 대한 연구가 이루어져야 학업성취도를 높이는 데 도움을 줄 수 있다. 이 변인들이 학업성취도에 어떤 영향을 미치며 어떤 선행연구들이 있는가에 대해서는 앞에서 언급한 바 있다. 또한 왜 이 연구가 이루어져야 하는지에 대해서도 자세히 설명하였다. 이를 바탕으로 한 박사논문 '감성지능, 학습동기, 학습자 스트레스 및 자기주도학습이 학업성취도에 미치는 영향'(양애경, 2007)을 소개한다.

01 | 연구문제 및 가설

먼저 본 연구의 '연구문제'를 제시하면 다음과 같다.

첫째, 중·고등학교 학습자들의 감성지능, 학습동기, 학습자 스트레스 및 자기주도학습 상·하 수준별 학업성취도는 의미 있는 차이가 있는가?

둘째, 중·고등학교 대상 전체, 성별, 종교의 유·무, 부모의 맞벌이 유·무 집단별 학습자들의 감성지능, 학습동기, 학습자 스트레스 및 자기주도학습과 학업성취도 간에는 의미 있는 정적 상관이 있는가?

셋째, 중·고등학교 대상 전체, 성별, 종교의 유·무, 부모의 맞벌이 유·무, 집단별 학습자들의 감성지능, 학습동기, 학습자 스트레스 및 자기주도학습은 학업성취도를 의미 있게 설명하는가?

연구가설

[가설 1] 중·고등학교 학습자들의 감성지능, 학습동기, 학습자 스트레스 및 자기주도학습 상·하 수준별 학업성취도는 의미 있는 차이가 있다.

[가설 2] 중·고등학교 대성전체, 성별, 종교의 유·무, 부모의 맞벌이 유·무 집단별 학습자들의 감성지능, 학습동기, 학습자 스트레스, 자기주도학습 및 학업성취도 간에는 의미 있는 정적 상관이 있다.

[가설 3] 중·고등학교 대상 전체, 성별, 종교의 유·무, 부모의 맞벌이 유·무 집단별 학습자들의 감성지능, 학습동기, 학습자 스트레스, 자기주도학습은 학업성취도를 의미 있게 설명한다.

02 | 연구대상

본 연구의 가설을 검증하고자 연구의 대상은 서울특별시, 경기도, 강원도, 충청도, 전라도 및 경상도에 소재한 중·고등학교에서 1, 2학년 학습자를 임의로 표집하였다. 이들 대상을 통해 수집된 자료는 불확실하거나 불성실한 반응 또는 각 사례별로 네 가지 척도에 모두 반응하지 않은 경우 등 분석에 적절치 못한 자료들을 모두 제외하고 총 1,006명을 본 연구의 대상으로 하였다. 전체 대상 가운데 남학생은 534명(53.0%), 여학생은 472명이며(47.0%), 종교가 있는 학습자는 516명(51.3%), 그리고 종교가 없는 학습자는 490명(48.7%)이었다. 또한 부모가 맞벌이를 하는 경우는 597

명(59.3%)이었고 맞벌이를 하지 않는 경우는 409명(40.7%)이었다. 연구대상의 집단별 현황은 다음의 <표 7-1>과 같다.

<표 7-1> 연구대상의 집단별 현황

구 분	성 별			종 교			맞벌이		
	남	여	계	유	무	계	유	무	계
중학교	283	320	603	310	293	603	358	245	603
고등학교	251	152	403	206	197	403	239	164	403
계	534	472	1,006	516	490	1,006	597	409	1,006

03 | 연구도구

여기에서는 학업성취도와 관련된 변인을 측정하기 위하여 사용한 도구를 소개하고자 한다. 사용된 연구도구는 다음과 같다.

1) 감성지능척도

학습자들의 감성능력을 측정하기 위하여 「정서지능척도」(김용래·김태은, 2003)를 사용하였다. 이 척도는 총 54개 문항이며, 7개의 하위 요인, 감성표현(7문항), 감성대인관계(7문항), 감성조절(10문항), 감성이해(10문항), 감성융통(10문항), 감정이입(6문항), 감성독립(4문항)으로 구성되어 있다. 본 연구는 위의 7개 하위요인 중 감성조절(10문항)을 연구의 측정문항으로 사용하였으며 문항의 점수 범위는 1~50점이다.

척도의 응답방법은 각 문항마다 '전혀 그렇지 않다'면 1을, '약간 그렇다'면 2를, '어느 정도 그렇다'면 3을, '대체로 그렇다'면 4를, '매우 그렇다'면 5를 별도의 답지에 기입하는 5단계 평정척으로 되어 있다. 감성지능척도의 신뢰도는 Cronbach의 알파계수가 .932이고, 각 하위요인별로는 .652～.817로서 비교적 신뢰할 만한 척도이다. 척도의 문항구성과 각 하위요인별 신뢰도는 <표 7-2>와 같다.

<표 7-2> 감성지능척도 문항구성과 신뢰도

하위요인	문항번호	문항 수	신뢰도(α)
감성표현	13, 11, 17, 14, 16, 15, 12	7	.817
감성대인관계	26, 28, 29, 27, 24, 25, 30	7	.805
감성조절	53, 50, 49, 54, 51, 52, 45, 48, 36, 47	10	.804
감성이해	4, 3, 5, 1, 10, 6, 9, 8, 7, 2	10	.776
감성융통	35, 43, 36, 39, 42, 38, 41, 37, 40, 44	10	.804
감정이입	20, 22, 19, 21, 18, 23	6	.723
감성독립	32, 31, 33, 34	4	.652
감성지능	1～54	54	.932

2) 학습동기 척도

학습자들의 계속동기를 측정하기 위하여 「학교 학습동기 척도」(김용래, 2000)를 사용하였다. 이 척도는 총 25개 문항이며, 4개의 하위요인－비본질동기(8문항)・본질동기(7문항)・계속동기(6문항)・수업동기(4문항)로 구성되어 있다. 본 연구는 위의 4개 하위요인 중 계속동기(6문항)를 연구의 측정문항으로 사용하였으며 문항의 점수 범위는 1～30점이다. 척도의 응답방법은 각 문항마다 '조금도 그렇지 않다'면 1을, '조금 그렇다'면 2를, '대체로 그렇다'면 3을, '상당히 그렇다'면 4를, '매우 그렇다'면 5를 별도의 답지에 기입하는 5단계 평정척으로 되어 있다. 학교 학습동기 척도의 신뢰도는 Cronbach의 알파계수가 .927이고, 각 하위요인별로는 .835~ .879이다. 척도의 문항구성과 각 하위요인별 신뢰도는 <표 7-3>과 같다.

<표 7-3> 학교 학습동기 척도의 문항구성과 신뢰도

하위요인	문항번호	문항 수	신뢰도(α)
비본질 동기	3, 4, 8, 21, 1, 7, 22, 6	8	.879
본질 동기	14, 5, 15, 11, 16, 10, 9	7	.846
수업동기	18, 19, 12, 13	4	.835
계속동기	23, 17, 25, 2, 20, 24	6	.846
학습동기	1~25	25	.927

3) 학습자 스트레스 척도

본 연구에서 사용한 「학습자 스트레스 척도」(김용래, 2004)는 가정・학교・사회 등의 제반 상황에서 심리적 스트레스의 주요 원천인 '좌절', '갈등', '억압' 및 '불안'을 중심으로 문항을 구성하고, 이것을 요인 분석하였다. 이 척도는 총 43개의 문항으로 구성되어 있으며, 각 문항은 5단계 평정 척으로 되어 있다. 이 척도의 하위요인별 신뢰도 범위는 .8975~ .9423이며, 척도의 전체 신뢰도는 ".9374"이다. 이러한 '학습자 스트레스 척도'의 문항구성과 신뢰도는 다음의 <표 7-4>와 같다.

<표 7-4> 학습자 스트레스 척도의 문항구성과 신뢰도

요인명	문항번호	문항 수	신뢰도(α)
가정 스트레스	32, 13, 23, 3, 14, 15, 35, 1, 22, 12, 24, 34, 2, 33	14	.9423
학교 스트레스	39, 5, 16, 26, 36, 7, 28, 27, 37, 4, 18,17, 6, 25, 38	15	.9132
사회 스트레스	43, 29, 9, 42, 8, 20, 10, 19, 40, 11, 41, 31, 21, 30	14	.8975
학습자 스트레스	1~43	43	.9374

4) 자기주도학습 척도

본 연구에서는 학습자들의 자기주도학습의 상태를 측정하고자 「자기주도학습 척도」(양애경, 2007 제작)를 사용하였다. 이 척도는 총 32개 문항으로 4개의 하위영역－초인지(주체성) (8문항)·과제해결력(9문항)·성취지향성(8문항)·내재적 동기(7문항)로 구성되어 있다. 이 척도를 타당화하는 과정에서 전체문항들 가운데 요인부하량이 '.3' 이상이고 공유치(h^2)가 '.4' 이상인 문항을 타당한 문항으로 선정하였다.

척도의 응답방법은 각 문항마다 '조금 그렇지 않다'면 1을, '조금 그렇다'면 2를, '대체로 그렇다'면 3을, '상당히 그렇다'면 4를, '매우 그렇다'면 5를 표시하는 5단계 평정척으로 되어 있다. 자기주도학습 척도의 전체 신뢰도는 Cronbach의 알파계수가 .936이고 각 하위요인별 신뢰도 범위는 .789~.899로서 비교적 신뢰할 만한 척도이다. 이 척도의 하위요인별 문항구성 및 신뢰도는 다음의 <표 7-5>와 같다.

<표 7-5> 자기주도학습 척도의 문항구성과 신뢰도

요인명	문항번호	문항 수	신뢰도(α)
초인지(주체성)	1, 2, 3, 4 5, 6, 7, 17	8	.846
과제해결력	8, 10, 11, 12, 13, 18, 19. 20, 27	9	.786
성취지향성	14, 16, 31, 21, 22, 23, 24, 25	8	.899
내재적 동기	9, 15, 26, 28, 29, 30, 32	7	.868
자기주도학습	1~32	32	.936

5) 학업성취도 검사

따라서 이 책의 연구에서 학습자의 학업성취도는 학력검사 도구로 각 학교의 학년말고사 성적을 기준으로 삼았다. 즉, 학습자의 학습에 대한 도달 정도를 정규적으로 점검하는 각 학교의 기말고사 전체 과목별 총점을 중심으로 하였다. 또한 학습자 개인별 평균점수를 T 점수로 변환하여 사용하였다.

본 연구에서는 중·고등학교 1, 2학년 2006학년도 2학기 학력검사인 기말고사로 실시한 전 과목의 총점을 기준으로 개인별 평균을 구하였다. 개인별 평균으로 각 학급별 전체 평균 점수와 표준편차를 구하여 학습자 개인별 평균점수를 T 점수로 변환하여 사용하였다.

04 | 자료처리

본 연구의 문제를 해결하고 가설을 검증하기 위해 앞에서 제시한 네 가지 척도를 연구대상들에게 실시하여 자료를 수집하였다. 수집된 자료는 자료 정리 작업을 거쳐 불확실하거나 불성실한 반응 혹은 각 사례별로 네 가지 척도에 모두 반응하지 않은 경우, 학업성취 회수 불가능의 경우를 모두 제외시키고 통계처리 과정에서 영향을 미칠 수 있는 오차요인을 최소화하고자 하였다. 정리된 자료는 SPSS/WIN으로 전산처리하였다.

Chapter 08

가설검증과 결론

01 | 가설검증을 위한 기초통계

본 연구의 가설을 검증하기 위한 기초자료로서 연구대상 및 각 변인에 대한 평균(M)과 표준편차(SD) 및 그 차이를 분석한 기초통계량은 다음의 〈표 8-1〉과 〈표 8-2〉에 제시한 내용과 같다.

먼저, 학습자들의 "감성지능"은 전체 평균이 3.209이며, 집단별 평균을 보면, '남학생' 평균(3.205)과 '여학생' 평균(3.209) 및 '부모의 맞벌이 집단'의 평균(3.200)과 '부모가 맞벌이를 안 하는 집단'의 평균(3.215) 간에는 의미 있는 차이가 없다(p>.05). 하지만 '종교가 있는 집단'의 평균(3.254)이 '종교가 없는 집단'의 평균(3.161)보다 의미 있게 높다(p<.05).

또한 학습자들의 "학습동기"의 전체 평균이 2.740으로, '여학생' 평균(2.789)과 '남학생' 평균(2.713) 간에는 의미 있는 차이가 없고(p>.05), '종교를 가진 학습자 집단'의 평균(2.781)과 '종교가 없는 학습자 집단'의 평균(2.695) 간의 학습동기는 의미 있는 차이가 없으며(p>.05), '부모가 맞벌이를 하는 학습자 집단'의 학습동기 평균(2.753)과 '부모가 맞벌이를 안 하는 학습자 집단'(2.783) 간의 학습동기에는 다소 차이가 있으나 의미 있는 차이가 아니다.

〈표 8-1〉 연구변인의 평균과 표준편차

구 분		대상 전체	
		M	*SD*
연구변인	감성지능	3.206	.547
	학습동기	2.740	.826
	학습자 스트레스	2.139	.666
	자기주도학습	2.99	.704
	학업성취도	50.00	10.00

〈표 8-2〉 연구변인의 집단별 평균의 차이 분석

구 분		남학생		여학생		차 이	
		M	SD	M	SD	*t*	*p*
성 별	감성지능	3.205	.579	3.209	.483	.007	.933
	학습동기	2.713	.860	2.789	.756	1.446	.230
	학습자 스트레스	2.221	.699	1.980	.567	23.013	.000
	자기주도학습	2.980	.733	3.007	.644	.255	.613
	학업성취도	48.136	10.615	53.137	7.954	42.600	.000

구 분		유		무		차 이	
		M	SD	M	SD	*t*	*p*
종교유무	감성지능	3.254	.543	3.161	.553	4.656	.031
	학습동기	2.781	.825	2.695	.828	2.022	.155
	학습자 스트레스	2.130	.648	2.141	.677	.052	.819
	자기주도학습	3.024	.699	2.970	.699	1.158	.282
	학업성취도	50.301	9.702	50.127	10.090	.051	.821

구 분		유		무		차 이	
		M	SD	M	SD	*t*	*p*
맞벌이유무	감성지능	3.200	.528	3.215	.577	.071	.790
	학습동기	2.753	.803	2.727	.865	.056	.813
	학습자 스트레스	2.157	.642	2.113	.704	.974	.324
	자기주도학습	2.999	.671	2.986	.753	.010	.921
	학업성취도	49.855	10.131	50.575	9.610	5.157	.002

그리고 학습자들의 "스트레스" 전체 평균은 2.139로, 남·여 학습자 집단별 "학습자 스트레스"의 평균은 '남학생(2.221)'이 '여학생(1.980)'보다 더 높아 의미 있는 차이가 있다($p<.05$). 또한 '종교가 없는 집단(2.130)'이 '종교가 있는 집단(2.141)'보다 다소 스트레스가 높지만, 의미 있는 차이가 아니고, '부모가 맞벌이를 하는 집단(2.157)'과 '맞벌이를 안 하는 집단(2.113)' 간에는 의미 있는 차이가 없다.

다음으로, "자기주도학습" 전체 평균은 2.99인데, '남학생'(2.98)과 '여학생'(3.007) 및 '부모가 맞벌이를 하는 집단'(2.999)과 '맞벌이를 안 하는 집단'(2.986)은 의미 있는 차이가 없고($p>.05$), '종교가 있는 집단'(3.024)이 '종교가 없는 집단'(2.970)보다 다소 높게 나타났으나 통계적으로 유의미한 차이가 없다($p>.05$).

마지막으로 "학업성취도"의 전체 평균은 50.0인데 '여학생'(53.137)이 '남학생'(48.136)보다 의미 있게 높으며($p<.05$), '종교를 가진 집단'(50.301)과 '종교가 없는 집단'(50.127) 간에는 학업성취도의 차이는 없다. 하지만 '부모가 맞벌이를 안 하는 집단'(50.575)이 '맞벌이를 하는 집단'(49.885)보다 학업성취도 평균이 다소 높으며 통계적으로 유의미한 차이가 있다($p<.05$).

02 | 독립변인 수준별 학업성취도 차이 분석

[가설 1]

중·고등학교 학습자들의 감성지능, 학습동기, 학습자 스트레스 및 자기주도학습 상·하 수준별 학업성취도는 의미 있는 차이가 있다.

앞의 [가설 1]을 검증하기 위하여 중·고등학교 학습자들의 감성지능, 학습동기, 스트레스 및 자기주도학습 상·하 수준별 학업성취도의 차이를 분석한 결과는 다음에 제시한 〈표 8-3〉과 같다.

[가설 1]을 검증하고자 하는 것은 본 연구의 독립변인들인 감성지능, 학습동기, 학습자 스트레스 및 자기주도학습 상·하 수준별 학업성취도가 의미 있는 차이가 있는 것으로 분석되면, 독립변인 간의 상관 분석과 독립변인들의 종속변인에 대한 설명력을 중·고등학교 학습자들의 '성별', '종교의 유·무' 및 '부모의 맞벌이 유·무' 집단별로 분석할 수 있는 것으로 판단하였다.

다음의 〈표 8-3〉을 중심으로 독립변인인 '감성지능', '학습동기', '스트레스' 및 '자기주도학습' 등의 상·하 수준별 학습자들의 '학업성취도'의 차이를 살펴보기로 한다.

〈표 8-3〉 독립변인 상·하 수준별 학업성취도 차이 분석

종속변인	독립변인	수 준	*N*	*M*	SD	*t*	*p*
학업성취	감성지능	상집단	504	50.900	9.857	1.078	.282
		하집단	502	50.020	9.625		
	학습동기	상집단	501	52.494	9.399	6.398	.000
		하집단	505	47.684	9.923		
	학습자 스트레스	상집단	504	48.895	9.993	−3.063	.000
		하집단	502	51.279	9.763		
	자기주도학습	상집단	504	52.050	9.773	5.292	.000
		하집단	502	48.055	9.710		

먼저, 학습자들의 "감성지능" 수준별 학업성취도의 차이를 보면, "감성지능"의 '상 집단' 평균(50.900)과 '하 집단' 평균(50.020)으로 다소 차이가 있으나 통계적으로 유의미한 차이가 없다($p>.05$). 반면, 학습자들의 "학습동기"의 상·하수준별 학업성취도의 차이는 '상 집단'(52.494)과 '하 집단'(47.684) 간에는 유의미한 차이가 있다($p<.05$).

또한 학습자들의 "학습자 스트레스" 상·하수준별 학업성취도의 차이는 '상 집단'(48.895)이 '하 집단'(51.279)보다 낮다. 이것은 "스트레스"를 낮게 받는 '상 집단'(48.895)이 스트레스를 높게 받은 '하 집단'(51.279)보다 학습자들의 학업성취도가 의미 있게 높은 것으로 볼 수 있다($p<.05$). 그리고 학습자들의 "자기주도학습" 수준별 학업성취도의 차이는 '상 집단'(52.050)이 '하 집단'(48.055)보다 더 높아, 의미 있는 차이가 있다($p<.05$).

이상의 중·고등학교 학습자들의 감성지능, 학습동기, 학습자 스트레스 및 자기주도학습 상·하 수준별 학업성취도 간의 차이 분석을 통해 '중·고등학교 학습자들의 감성지능, 학습동기, 스트레스 및 자기주도학습 상·하 수준별 학업성취도는 의미 있는 차이가 있다.'라고 한 [가설 1]은 '감성지능'을 제외하면 대체로 긍정되었다. 따라서 이러한 차이 검증을 통해 중·고등학교 학습자들의 학업성취도와 연구변인들 간의 상관, 독립변인들의 종속변인에 대한 설명력 분석이 가능한 것으로 판단하였다.

03 | 독립변인과 학업성취도 간의 상관 분석

[가설 2]

중・고등학교 대상 전체, 성별, 종교의 유・무, 부모의 맞벌이 유・무 집단별 학습자들의 감성지능, 학습동기, 학습자 스트레스 및 자기주도학습과 학업성취도 간에는 의미 있는 정적 상관이 있다.

위의 [가설 2]를 검증하기 위하여 중・고등학교 대상 전체, 성별, 종교의 유・무, 부모의 맞벌이, 유・무 지역 집단별 학습자들의 감성지능, 학습동기, 학습자 스트레스 및 자기주도학습과 학업성취도 간의 상관을 분석한 결과는 다음 지면에 제시한 〈표 8-4〉와 같다.

[가설 2]를 검증하고자 하는 것은 본 연구의 독립변인들인 감성지능, 학습동기, 학습자 스트레스 및 자기주도학습과 학업성취도 간의 다중회귀분석 가능성을 탐색하고, 독립변인들 간의 상관 분석과, 독립변인들의 종속변인에 대한 설명력을 중・고등학교 학습자들의 '성별', '종교의 유・무' 및 '부모의 맞벌이 유・무' 지역 집단별로 분석할 수 있는 것으로 판단하였다. 가설 검증을 통해 독립변인들 간의 다상호선형관계(multicollinearity) 여부를 확인하였다.

다음의 〈표 8-4〉를 중심으로 독립변인들인 중・고등학교 대상 전체, 성별, 종교의 유・무, 부모의 맞벌이, 지역 집단별 학습자들의 감성지능, 학습동기, 학습자 스트레스 및 자기주도학습과 학업성취도 간의 상관을 분석한 결과는 다음과 같다.

〈표 8-4〉 집단별 독립변인들과 종속변인 간의 상관

대 상	변인별 상관	감성지능	학습동기	학습자 스트레스	자기주도학습
전 체	감성지능				
	학습동기	.546**			
	학습자 스트레스	.094*	.088*		
	자기주도학습	.638**	.668**	.069	
	학업성취도	.130**	.321**	−.112**	.273**
남학생	감성지능				
	학습동기	.539**			
	학습자 스트레스	.102*	.071		
	자기주도학습	.625**	.664**	.056	
	학업성취도	.107*	.369**	−.048	.307**
여학생	감성지능				
	학습동기	.460**			
	학습자 스트레스	−.111	−.024		
	자기주도학습	.567**	.665**	−.117*	
	학업성취도	.095	.262**	−.151**	.355**
종교의 유	감성지능				
	학습동기	.495**			
	학습자 스트레스	−.036	−.025		
	자기주도학습	.589**	.687**	−.082	
	학업성취도	.018	.282**	−.100*	.225**
종교의 무	감성지능				
	학습동기	.531**			
	학습자 스트레스	.101**	.072		
	자기주도학습	.626**	.643**	.058	
	학업성취도	.166**	.419**	−.120*	.394**

대 상	변인별 상관	감성지능	학습동기	학습자 스트레스	자기주도학습
맞벌이 유	감성지능				
	학습동기	.539**			
	학습자 스트레스	.004	.017		
	자기주도학습	.633**	.668**	−.035	
	학업성취도	.074	.362**	−.121**	.291**
맞벌이 무	감성지능				
	학습동기	.496**			
	학습자 스트레스	.091	.047		
	자기주도학습	.592**	.660**	.042	
	학업성취도	.156**	.323**	−.082	.345**

* : $p<.05$, ** : $p<.001$

1) 대상 전체 학습자 독립변인과 학업성취도 간의 상관 분석

먼저, 학습자들의 독립변인 "감성지능", "학습동기", "학습자 스트레스" 및 "자기주도학습"과 "학업성취도" 간의 상관범위는 .088 ~ .668($p<.05$)로 의미 있는 정적 상관을 보였다. "자기주도학습"과 "학습동기" 간의 상관이 .668($p<.05$)로 가장 높은 상관이고, "감성지능"은 "학습동기" .546($p<.05$)과 "자기주도학습" .638($p<.05$)에 비교적 높은 상관이었다. "학습자 스트레스"는 "감성지능" .094($p<.05$)와 학습동기 .088($p<.05$) 간에는 유의미한 상관이 있으며, 자기주도학습과 학업성취도 간에는 의미 있는 상관이 있다(.273, $p<.05$).

또한 독립변인들과 "학업성취도" 간의 상관범위는 -.112~.321($p<.05$)로 의미 있는 상관을 보였다. "학습동기"가 .321($p<.05$)로 상관이 가장 높고, "자기주도학습"도 .273($p<.05$)으로 비교적 높은 상관이었다. 한편, "학습

자 스트레스"는 -.112(p<.05)로 의미 있는 부적 상관이었으며, 이것은 학습자들의 스트레스가 낮을수록 학업성취도에 긍정적 영향을 미치는 것으로 판단된다.

그리고 학업성취도와 "감성지능" 간에는 .130으로 의미 있는 상관이 있다(p<.05). 선행연구에서 보고한 바와 같이 감성지능은 자신의 정서를 잘 조절하고 스트레스를 능동적으로 대처해서 자기조절을 통한 학업성취도 향상을 이룰 수 있다는 점을 고려하면, 학교현장에서 감성지능은 학습자들의 학교적응과 학업성취도에 직접적으로 많은 영향을 미칠 것으로 판단된다.

따라서 중·고등학교 대상 전체 학습자의 "감성지능", "학습동기" 및 "자기주도학습" 능력이 높을수록 그들의 학업성취도도 높다. 그리고 중·고등학교 전체를 대상으로 한 독립변인들 간의 상호상관 분석결과 '.7' 이상의 상관계수가 발견되지 않았다. 따라서 변인들 간의 다상호선형관계가 없기 때문에 중·고등학교 전체를 대상으로 하는 다중회귀분석이 가능하며, 종속변인인 학업성취도에 대한 독립변인들의 설명력 분석이 가능하다.

2) 성별 학습자 독립변인과 학업성취도 간의 상관 분석

중·고등학교 남·여 학습자를 대상으로 한 독립변인들과 학업성취도 간의 상관을 앞에서 제시한 〈표 8-4〉를 중심으로 살펴보면, 「남학생의 경우」 독립변인들 간의 상관범위는 .102~.664(p<.05)로 의미 있는 정적 상관이다. 독립변인들 중 자기주도학습과 학습동기 간의 상관이 .664(p<.05)로 가장 높은 상관이고, 특히 자기주도학습과 감성지능 간의 상관도 .625(p<.001)로 높은 정적 상관이다. 그리고 감성지능과 학습자 스트레스는 .102(p>.05)로 낮은 상관이었다.

따라서 중·고등학교 남학생의 감성지능, 학습동기 및 자기주도학습이 높을수록 학습자들의 학업성취도는 높다. 그리고 중·고등학교 남학생을 대상으로 한 독립변인들 간의 상호상관 분석결과 '7' 이상의 상관계수가 발견되지 않았다. 그러므로 독립변인들 간의 다상호선형관계(multicollinearity)가 없기 때문에 중·고등학교 남학생만을 대상으로 하는 다중회귀분석이 가능하며 종속변인인 학업성취도에 대한 독립변인들의 설명력 분석이 가능하다.

다음으로 「여학생의 경우」 "감성지능", "학습동기", "학습자 스트레스" 및 "자기주도학습" 간의 상관범위는 -.117~.665($p<.05$)로 의미 있는 상관이다. 독립변인들 중 감성지능과 학습동기 간의 상관이 .460($p<.001$)이며, 자기주도학습과 학습동기 간의 상관이 .664($p<.001$)로 높은 정적 상관이다. 그리고 독립변인들과 학업성취도 간의 상관범위는 .262~.355($p<.001$)이고, 학습동기와 학업성취도 간의 상관이 .262($p<.05$)로 가장 낮은 상관이며, 자기주도학습과 학업성취도 간의 상관은 .355($p<.001$)로서 비교적 높은 상관이었다. 학습자 스트레스는 감성지능과 학습동기 간에는 유의미한 정적 상관이며(.355, $p<.001$), 학습자 스트레스와 학업성취도 간에는 -.151($p<.001$)로 의미 있는 부적 상관이었다.

따라서 중·고등학교 대상 전체 학습자의 "감성지능", "학습동기" 및 "자기주도학습" 능력이 높을수록 그들의 학업성취도도 높다. 그리고 중·고등학교 전체를 대상으로 한 독립변인들 간의 상호상관 분석결과 '.7' 이상의 상관계수가 발견되지 않았다. 따라서 변인들 간의 다상호선형관계(multicollinearity)가 없기 때문에 중·고등학교 전체를 대상으로 하는 다중회귀분석이 가능하며 종속변인인 학업성취도에 대한 독립변인들의 설명력 분석이 가능하다.

3) 종교의 유·무 집단별 학습자 독립변인과 학업성취도 간의 상관 분석

중·고등학교 학습자들의 종교 유·무 집단별 독립변인들과 학업성취도 간의 상관을 앞에서 제시한 〈표 8-4〉를 중심으로 살펴보면, 「종교를 가진 학습자의 경우」 독립변인들 간의 상관범위는 .495～.687(p<.001)로 의미 있는 정적 상관이 있다. 독립변인들 중 감성지능과 학습동기 간의 상관이 .495(p<.001) 가장 낮은 상관이고, 자기주도학습과 학습동기 간의 상관이 .687(p<.001), 학습자 스트레스와 학업성취도 간의 상관이 -.100(p<.05)로 가장 낮은 상관이며, 자기주도학습과 학업성취도 간의 상관은 .225(p<.001)이고, 학습동기와 학업성취도 간의 상관이 .282(p<.05)로 의미 있는 정적 상관이었다.

따라서 종교를 가진 중·고등학교 대상 전체 학습자들의 "감성지능", "학습동기" 및 "자기주도학습" 능력이 높을수록 그들의 학업성취도도 높다. 그리고 연구변인들 간 '7' 이상의 상관계수가 없기 때문에 연구변인들 간의 다상호선형관계는 없다. 그러므로 종교를 가진 학습자들만을 중심으로 다중회귀분석을 통하여 독립변인들의 학업성취도에 대한 설명력 분석은 가능하다.

또한, 「종교를 갖지 않은 학습자의 경우」 학습자 독립변인들 간의 상관범위는 .101～.643(p<.001)로 의미 있는 상관이다. 독립변인들 중 자기주도학습과 학습동기 간의 상관이 .643(p<.001) 가장 높은 정적 상관이고, 학습자 스트레스와 감성지능 간의 상관은 .101(p<.001)로 낮은 정적 상관이다. 그리고 독립변인들과 학업성취도 간 상관범위는 -.120～.419(p<.05～p<.001)로, 학습자 스트레스와 학업성취도 간의 상관이 -.120(p<.05)로 가장 낮은 부적 상관이고, 학습동기와 학업성취도 간의 상관이 .419(p<.001)로 높은 상관이었다. 감성지능과 학업성취도 간의 상관은 .166(p

$<.001$)이고, 자기주도학습과 학업성취도 간의 상관은 .394($p<.001$)이다.

따라서 종교를 갖지 않은 중·고등학교 대상 전체 학습자들의 "감성지능", "학습동기" 및 "자기주도학습" 능력이 높을수록 그들의 학업성취도도 높다. 그리고 연구변인들 간의 다상호선형관계는 없기 때문에, 종교를 갖지 않은 학습자들만을 중심으로 다중회귀분석을 통하여 독립변인들의 학업성취도에 대한 설명력 분석은 가능하다.

4) 부모의 맞벌이 유·무 집단별 학습자들의 독립변인과 학업성취도 간의 상관 분석

중·고등학교 학습자들의 부모의 맞벌이 유·무 집단별 독립변인들과 학업성취도 간의 상관을 앞에서 제시한 〈표 8-4〉를 중심으로 살펴보면, 「부모가 맞벌이를 하는 학습자의 경우」 독립변인들 간의 상관범위는 .539 ~.668 ($p<.001$)로 의미 있는 상관이 있다. 독립변인들 중 감성지능과 학습동기 간에는 .539($p<.001$)의 의미 있는 정적 상관이고, 감성지능과 자기주도학습 간의 상관도 .633($p<.001$)으로 의미 있는 상관이며, 자기주도학습과 학습동기 간의 상관은 .668($p<.001$)로 매우 높은 정적 상관이다. 그리고 독립변인들과 학업성취도 간의 상관범위는 .074~.362($p>.05$, $p<.001$)로, 학습자 스트레스와 학업성취도 간의 상관이 -.121($p<.05$)로 부적 상관이고, 자기주도학습과 학업성취도 간에는 .291($p<.001$)로 정적 상관이고 학습동기와 학업성취도 간의 상관이 .362($p<.001$)로 비교적 높은 정적 상관이었다.

따라서 부모가 맞벌이를 하는 경우 중·고등학교 대상 전체 학습자들의 "감성지능", "학습동기" 및 "자기주도학습" 능력이 높을수록 그들의 학업성취도는 높다. 그리고 연구변인들 간의 '7' 이상의 상관계수가 없기 때문에 독립변인들 간의 다상호선형관계는 없다. 그러므로 부모가 맞벌이를 하는 학습자들만을 중심으로 다중회귀분석을 통하여 독립변인들의 학업성취도에 대한 설명력 분석은 가능하다.

또한「부모가 맞벌이를 하지 않는 학습자의 경우」학습자 독립변인들 간의 상관범위는 .496~.660(p<.001)로 의미 있는 정적 상관이다. 독립변인들 중 자기주도학습과 학습동기 간의 상관이 .660(p<.001)으로 가장 높은 정적 상관이고, 감성지능과 자기주도학습 간의 상관은 .592(p<.001)로 비교적 높은 상관이며, 학습동기와 감성지능 간의 상관은 .496(p<.001)로 가장 낮은 정적 상관이다. 그리고 독립변인들과 학업성취도 간의 상관범위는 -.082~.345(p>.05, p<.001)로, 학습자 스트레스와 학업성취도 간의 상관이 -.082(p>.05)로 가장 낮은 부적 상관이고, 학습동기와 학업성취도 간의 상관은 .323(p<.001)이고, 자기주도학습과 학업성취도 간의 상관이 .345 (p<.001)로 높은 정적 상관이었다.

따라서 부모가 맞벌이를 하지 않는 중·고등학교 학습자들의 "감성지능", "학습동기" 및 "자기주도학습" 능력이 높을수록 그들의 학업성취도도 높다. 그리고 연구변인들 간 '7' 이상의 상관이 없기 때문에 연구변인들 간의 다상호선형관계는 없다. 그러므로 부모가 맞벌이를 하는 집단이나 맞벌이를 하지 않는 학습자들 집단만을 중심으로 다중회귀분석을 통하여 독립변인들의 학업성취도에 대한 설명력 분석은 가능하다.

이러한 분석결과를 통해, 중·고등학교 학습자들이 지니고 있는 감성지능, 학습동기, 자기주도학습이 높을수록 그들의 학업성취도도 높다고 판단할 수 있다. 그러므로 학습자들의 감성지능, 학습동기, 학습자 스트레스, 자기주도학습에 대해 긍정적인 지각을 갖게 할 필요가 있다. 학업성취도는 학습자가 학습 과정에 적극적으로 참여하여 동기화될 때 극대화되며 감성지능, 학습동기, 학습자 스트레스와 자기주도학습은 중요한 교육적 변인이다.

따라서 교육현장에서 이에 관련된 교수-방법 프로그램 제작이 필요하며, 많은 관심과 노력이 요구된다. 보다 효과적인 학습을 위해서는 학습자가 스스로 학습에 대한 책임을 가지고 자신의 학습 과정을 점검하고 조절해나가는 자기주도학습이 필요하며 능동적으로 적응해 나가도록 적극적으로 지원해야 한다. 그러므로 중·고등학교 교육현장에서는 학습자들의 학업성취도와 더불어 그들의 감성지능, 학습동기 및 자기주도학습을 향상시키고, 학습자 스트레스에는 가급적 노출되지 않게 하는 교육과정의 설계와 운용의 필요성이 있다.

04 | 독립변인의 학업성취에 대한 설명력 분석

[가설 3]

중·고등학교 대상 전체, 성별, 종교의 유·무, 부모의 맞벌이 유·무 집단별 학습자들의 감성지능, 학습동기, 학습자 스트레스 및 자기주도학습은 학업성취도를 의미 있게 설명한다.

중·고등학교 대상 전체, 성별, 종교의 유·무, 부모의 맞벌이 집단별 학습자들의 감성지능, 학습동기, 학습자 스트레스 및 자기주도학습이 학업성취도를 어느 정도 의미 있게 설명하는가를 분석하기 위하여 학습자 독립변인들과 학업성취도 간의 다중회귀분석을 하였다. 그리고 [가설 3]을 대상 전체, 성별, 종교의 유·무, 부모의 맞벌이 유·무 집단별로 분석하기 위하여 [가설 3-1], [가설 3-2], [가설 3-3] 및 [가설 3-4] 등의 하위 가설을 설정하고 이 가설들을 검증하였다.

1) 대상 전체 학습자 독립변인의 학업성취도에 대한 설명력 분석

[가설 3-1]

중・고등학교 대상 전체 학습자들의 감성지능, 학습동기, 학습자 스트레스 및 자기주도학습은 학업성취도를 의미 있게 설명한다.

위의 가설 [가설 3-1]을 검증하기 위하여 중・고등학교 대상 전체 학습자들의 감성지능, 학습동기, 학습자 스트레스 및 자기주도학습이 학업성취도를 어느 정도 의미 있게 설명하는가를 분석하고자 학습자 독립변인들과 학업성취도 간의 다중회귀분석 가능성을 검토하였다. 앞의 항에서 제시한 〈표 8-4〉 집단별 연구변인들 간의 상관에서 제시한 바와 같이, 중・고등학교 대상 전체 학습자들을 대상으로 분석한 독립변인들 간의 상관범위는 .069～.668(p<.005)으로 독립변인들 간에 '.7' 이상의 상관이 없는 것으로 나타나 다중회귀분석이 가능하다. 이러한 분석결과를 전제로 하여 독립변인들이 학업성취를 어느 정도 예측하는지를 밝히기 위해 다중회귀분석을 한 결과는 다음의 〈표 8-5〉와 같다.

〈표 8-5〉 독립변인들과 학업성취도 간의 다중회귀분석(대상 전체)

종속변인	독립변인	R	R^2	R^2ch	F	p	Beta	t	p
학업성취도	학습동기	.336	.113	.113	72.202	.000	.336	8.497	.000
	학습자 스트레스	.358	.128	.015	9.848	.002	−.123	−3.138	.002
	자기주도학습	.386	.149	.014	9.154	.003	.198	3.026	.003
	감성지능	.367	.135	.007	4.434	.036	−.096	−2.106	.036

* R^2의 값은 Stepwise 방법에 의한 p<.05에서 누적한 것임.

중·고등학교 대상 전체 학습자들의 학업성취도에 대한 독립변인들의 설명력(R^2) 증분값을 제시하면, 학습동기가 그들의 학업성취도를 11.3% 설명하고, 여기에 추가로 학습자 스트레스가 1.5%임을 설명하며, 이에 추가하여 자기주도학습 1.4%를 설명하고, 감성지능 0.7%를 각각 의미 있게 설명한다.

학습동기, 학습자 스트레스, 자기주도학습 및 감성지능 등의 네 변인이 학업성취도를 공동으로 설명하는 정도는 13.5%였다. 그리고 독립변인들이 학업성취도 변량을 설명하는 상대적 순위는 학습동기(*Beta* =.336), 자기주도학습(*Beta* =.198), 학습자 스트레스(*Beta* =-.123), 감성지능(*Beta* =-.096)의 순이었다.

따라서 본 연구에서 설정한 [가설 3-1] 『중·고등학교 대상 전체 학습자들의 감성지능, 학습동기, 학습자 스트레스 및 자기주도학습은 학업성취도를 어느 정도 의미 있게 설명한다』고 긍정되었다. 이와 같은 결과를 통해 중·고등학교 대상 전체 학습자들의 감성지능, 학습동기 및 자기주도학습이 학업성취도에 영향을 준다는 사실을 알 수 있다.

2) 성별 학습자들의 독립변인의 학업성취도에 대한 설명력 분석

[가설 3-2]

중·고등학교 남·여 학습자들의 감성지능, 학습동기, 학습자 스트레스 및 자기주도학습은 학업성취도를 의미 있게 설명한다.

(1) 남학생 집단의 독립변인의 학업성취도에 대한 설명력 분석

위의 가설 [가설 3-2]를 검증하기 위하여 중·고등학교 남학생 학습자들의 감성지능, 학습동기, 학습자 스트레스 및 자기주도학습이 학업성취도를 의미 있게 설명하는가를 분석하고자 학습자 독립변인들과 학업성취도 간의 다중회귀분석 가능성을 검토하였다. 다음의 〈표 8-6〉 집단별 연구변인들 간의 상관에서 제시한 바와 같이, 중·고등학교 남학생 학습자들을 대상으로 분석한 독립변인들 간의 상관범위는 .102~ .664(p<.005)으로 독립변인들 간에 .7 이상의 큰 상관을 갖는 변인이 없는 것으로 나타나 다중회귀분석이 가능하다.

이러한 분석결과를 전제로 하여 독립변인들과 학업성취도 간의 다중회귀분석을 한 결과는 다음에 제시한 〈표 8-6〉과 같다.

〈표 8-6〉 독립변인들과 학업성취도 간의 다중회귀분석 (남학생)

종속변인	독립변인	R	R^2	R^2ch	F	p	Beta	t	p
종속변인	독립변인	R	R^2	R^2ch	F	p	Beta	t	p
학업성취도	학습동기	.369	.136	.136	55.814	.000	.369	7.471	.000
	감성지능	.384	.148	.012	4.858	.028	−.128	−2.204	.028
	학습자 스트레스	-	-	-	-	-	-	-	-
	자기주도학습	-	-	-	-	-	-	-	-

* R^2의 값은 Stepwise 방법에 의한 p<.05에서 누적한 것임.

중·고등학교 남학생 학습자들의 학업성취도에 대한 독립변인들의 설명력(R^2) 증분값을 제시하면, 학습동기가 그들의 학업성취도를 13.6% 설명하고, 이에 추가하여 감성지능 1.2%를 각각 의미 있게 설명한다.

학습동기, 감성지능 등의 두 변인이 학업성취도를 공동으로 설명하는 정도는 14.8%로서 이 두 변인은 학업성취도를 잘 설명하는 변인으로 볼 수 있다. 그러나 학습자 스트레스와 자기주도학습은 그들의 학업성취도를 의미 있게 설명하지 못하였다. 독립변인들이 학업성취도 변량을 설명하는 상대적 순위는 학습동기(*Beta* =.366), 감성지능(*Beta* =-.128)의 순으로 나타났다.

(2) 여학생 집단의 독립변인의 학업성취도에 대한 설명력 분석

다음으로, 중·고등학교 여학생 학습자들의 감성지능, 학습동기, 학습자 스트레스 및 자기주도학습이 학업성취도를 어느 정도 의미 있게 설명하는가를 분석하기 위하여 학습자 독립변인들과 학업성취도 간의 다중회귀분석 가능성을 검토하였다. 다음의 〈표 8-7〉 집단별 연구변인들 간의 상관에서 제시한 바와 같이, 중·고등학교 여학생 학습자들을 대상으로 분석한 독립변인들 간의 상관범위는 -.117 ~ .665(p <.005)으로 독립변인들 간에 '.7' 이상의 큰 상관을 갖는 변인이 없는 것으로 나타나 다중회귀분석이 가능하다.

이러한 분석결과를 전제로 하여 독립변인들이 학업성취를 어느 정도 예측하는지를 밝히기 위해 다중회귀분석을 한 결과는 〈표 8-7〉과 같다.

〈표 8-7〉 변인들과 학업성취도 간의 다중회귀분석 (여학생)

종속변인	독립변인	R	R^2	R^2ch	*F*	*p*	Beta	*t*	*p*
학업성취도	자기주도학습	.355	.126	.126	30.228	.000	.355	5.498	.000
	감성지능	.377	.142	.017	4.037	.046	−.156	−2.009	.046
	학습동기	-	-	-	-	-	-	-	-
	학습자 스트레스	-	-	-	-	-	-	-	-

R^2의 값은 Stepwise 방법에 의한 p <.05에서 누적한 것임.

중 · 고등학교 여학생 학습자들의 학업성취도에 대한 독립변인들의 설명력(R^2) 증분값을 제시하면, 자기주도학습이 그들의 학업성취도를 12.6% 설명하고, 이에 추가하여 감성지능 1.7%를 각각 의미 있게 설명한다.

자기주도학습, 감성지능 등의 두 변인이 학업성취도를 공동으로 설명하는 정도는 14.2%로서 이 두 변인은 학업성취도를 잘 예측하는 변인으로 볼 수 있다. 그러나 학습자 스트레스와 학습동기는 그들의 학업성취도를 의미 있게 설명하지 못하였다. 독립변인들이 학업성취도 변량을 설명하는 상대적 순위는 자기주도학습(*Beta* =.355), 감성지능(*Beta* =-.156)의 순이다.

위의 분석결과를 통해, 본 연구에서 설정한 [가설 3-2] 『중 · 고등학교 남녀 학습자들의 감성지능, 학습동기, 학습자 스트레스 및 자기주도학습이 학업성취도를 어느 정도 의미 있게 설명한다』는 부분적으로 긍정되었다. 이러한 검증을 통해 중 · 고등학교 교육현장에서 여학생들의 감성지능과 자기주도학습은 그들의 학업성취도를 긍정적으로 설명하는 변인임을 알 수 있다. 즉 성별에 따른 생리적 특성과 인지구조 및 개인적 특성 등을 잘 고려하여, 감성지능과 자기주도학습을 긍정적으로 개발하면 그들의 학업성취도를 향상시키는데 효과적이며, 학습자 스트레스는 여학생들의 학업성취도에 기여하지 못하는 것으로 간주할 수 있다. 따라서 가정과 학교에서 효과적인 학업성취도 향상을 위한 보다 적극적이고 자율적인 교수-학습방법 개발과 방안이 모색되어야 하며 적극적인 지원과 배려가 필요하다.

3) 종교의 유·무별 학습자들의 독립변인의 학업성취도에 대한 설명력 분석

[가설 3-3]

중·고등학교 학습자의 종교 유·무 집단별 감성지능, 학습동기, 학습자 스트레스 및 자기주도학습은 학업성취도를 어느 정도 의미 있게 설명한다.

(1) 독립변인의 학업성취도에 대한 설명력 분석(종교의 유)

위의 가설 [가설 3-3]을 검증하기 위하여 중·고등학교 종교를 가진 학습자들의 감성지능, 학습동기, 학습자 스트레스 및 자기주도학습이 학업성취도를 어느 정도 의미 있게 설명하는가를 분석하고자 학습자 독립변인들과 학업성취도 간의 다중회귀분석 가능성을 검토하였다. 다음의 〈표 8-8〉에서 집단별 연구변인들 간의 상관에서 제시한 바와 같이, 중·고등학교 종교가 있는 학습자들을 대상으로 분석한 독립변인들 간의 상관범위는 .495～.687(p<.001)로 독립변인들 간에 '.7' 이상의 상관이 없는 것으로 나타나 다중회귀분석이 가능하다.

이러한 분석결과를 전제로 하여 독립변인들이 학업성취를 어느 정도 예측하는지를 밝히기 위해 다중회귀분석을 한 결과는 〈표 8-8〉과 같다.

〈표 8-8〉 변인들과 학업성취도 간의 다중회귀분석(종교의 유)

종속변인	독립변인	R	R^2	R^2ch	F	p	Beta	t	p
학업성취도	학습동기	.282	.079	.079	24.501	.000	.282	4.950	.000
	감성지능	.315	.099	.020	6.141	.014	-.161	-2.478	.014
	학습자 스트레스	-	-	-	-	-	-	-	-
	자기주도학습	-	-	-	-	-	-	-	-

*R^2의 값은 Stepwise 방법에 의한 p<.05에서 누적한 것임.

중·고등학교 종교가 있는 학습자들의 학업성취도를 학습동기가 7.9%를 의미 있게 설명하고 이에 추가하여 감성지능 2.0%를 각각 의미 있게 설명하며, 그들의 학업성취도에 대한 종합적인 설명력은 '9.9%'였다. 그러나 학습자 스트레스와 자기주도학습은 종교를 지닌 학습자들의 학업성취도를 의미 있게 설명하지 못하였다.

(2) 독립변인의 학업성취도에 대한 설명력 분석(종교의 무)

다음의 〈표 8-9〉에서 집단별 연구변인들 간의 상관에서 제시한 바와 같이, 중·고등학교 종교가 있는 학습자들을 대상으로 분석한 독립변인들 간의 상관범위는 .101～.643($p<.001$)으로 독립변인들 간에 '.7' 이상의 상관이 없는 것으로 나타나 다중회귀분석이 가능하다.

이러한 분석결과를 전제로 하여 독립변인들이 학업성취를 어느 정도 설명하는지를 밝히기 위해 다중회귀분석을 한 결과는 다음의 〈표 8-9〉와 같다.

〈표 8-9〉 독립변인들과 학업성취도 간의 다중회귀분석(종교의 무)

종속변인	독립변인	R	R^2	R^2ch	F	p	Beta	t	p
학업성취도	학습동기	.419	.176	.176	57.755	.000	.419	7.600	.000
	학습자 스트레스	.445	.196	.023	7.591	.006	-.151	-2.755	.006
	자기주도학습	.462	.214	.016	5.318	.022	.186	2.306	.022
	감성지능	.477	.227	.014	4.714	.031	-.151	-2.171	.031

*R^2의 값은 Stepwise 방법에 의한 $p<.05$에서 누적한 것임.

다음으로, 중·고등학교 종교가 없는 학습자들의 학업성취도에 대한 독립변인들의 설명력(R^2) 증분값을 제시하면, 학습동기가 그들의 학업성취도를 17.6% 설명하고, 이에 추가로 학습자 스트레스가 2.3% 설명하며, 이에 추가하여 자기주도학습 1.6%를 설명하고, 감성지능 1.4%를 각각 의미 있게 설명하며, 이들 변인들의 학업성취도에 대한 종합적인 설명력은 '22.7%'였다. 따라서 본 연구에서 설정한 [가설 3-3] 『종교 유·무별 학습자들의 감성지능, 학습동기, 학습자 스트레스 및 자기주도학습은 학업성취도를 어느 정도 의미 있게 설명한다』는 부분적으로 긍정되었다.

종교 유·무별 학습자들의 감성지능, 학습동기 및 자기주도학습이 높을수록 학업성취도도 높다. 학교 학습에 중요한 시기인 청소년기 중·고등학교 학습자를 대상으로 한 연구결과에 따라 학습동기는 종교와 상관없이 학업성취도에 모두 높은 설명력이 있다. 종교가 없는 학습자들이 종교가 있는 학습자 보다 더 많은 스트레스를 받는 것으로 나타났다.

4) 맞벌이 유·무별 학습자들의 독립변의의 학업성취도에 대한 설명력 분석

[가설 3-4]

중·고등학교 부모의 맞벌이 유·무 집단별 학습자들의 감성지능, 학습동기, 스트레스 및 자기주도학습이 학업성취도를 어느 정도 의미 있게 설명한다.

(1) 독립변인의 학업성취도에 대한 설명력 분석(부모의 맞벌이 유)

「부모가 맞벌이를 하는 학습자의 경우」, 감성지능, 학습동기, 스트레스 및 자기주도학습이 학업성취도를 어느 정도 의미 있게 설명하는가를 분석하기 위하여 학습자 독립변인들과 학업성취도 간의 다중회귀분석가능성을 검토하였다. 다음에 제시한 〈표 8-10〉에서 집단별 연구변인들 간의 상관에서 제시한 바와 같이, 중·고등학교 학습자들 부모가 맞벌이를 하는 대상으로 분석한 독립변인들 간의 상관범위는 .539 ~ .668 (p<.001)로 독립변인들 간에 '.7' 이상의 큰 상관을 갖는 변인이 없는 것으로 나타나 다중회귀분석이 가능하다.

〈표 8-10〉 변인들과 학업성취도 간의 다중회귀분석(부모의 맞벌이 유)

종속변인	독립변인	R	R^2	R^2ch	*F*	*p*	Beta	*t*	*p*
학업성취도	학습동기	.362	.131	.131	50.346	.000	.362	7.096	.000
	감성지능	.390	.152	.021	8.131	.005	-.171	-2.852	.005
	학습자 스트레스	.411	.169	.016	6.547	.011	-.128	-2.559	.011
	자기주도학습	-	-	-	-	-	-	-	-

*R^2의 값은 Stepwise 방법에 의한 p<.05에서 누적한 것임.

'부모가 맞벌이를 하는 집단' 학습자들의 학업성취도에 대한 독립변인들의 설명력(R^2) 증분값을 제시하면, 학습동기가 그들의 학업성취도를 13.1% 설명하고, 감성지능이 2.1%를 설명하고, 이에 추가하여 스트레스가 1.6%로 각각 의미 있게 설명한다. 그러나 자기주도학습은 그들의 학업성취도를 의미 있게 설명하지 못하였다.

학습동기, 감성지능, 학습자 스트레스 등의 세 변인이 학업성취도를 공동으로 설명하는 정도는 16.9%로서 이 세 변인은 학업성취도를 잘 설명하는 변인으로 볼 수 있다. 독립변인들이 학업성취도 변량을 설명하는 상대적 순위는 학습동기(*Beta*=.362), 감성지능(*Beta*=-.171) 학습자 스트레스(*Beta*=-.128)의 순으로 나타났다.

(2) 독립변인의 학업성취도에 대한 설명력 분석(부모의 맞벌이 무)

「부모가 맞벌이를 하지 않는 학습자의 경우」, 감성지능, 학습동기, 스트레스 및 자기주도학습이 학업성취도를 어느 정도 의미 있게 설명하는가를 분석하기 위하여 학습자 독립변인들과 학업성취도 간의 다중회귀분석가능성을 검토하였다. 다음에 제시한 〈표 8-11〉에서 집단별 연구변인들 간의 상관에서 제시한 바와 같이, 중·고등학교 학습자들 부모가 맞벌이를 하는 대상으로 분석한 독립변인들 간의 상관범위는 .496 ~ .660(p<.001)으로 독립변인들 간에 '.7' 이상의 큰 상관을 갖는 변인이 없는 것으로 나타나 다중회귀분석이 가능하다.

「부모가 맞벌이를 하지 않는 학습자의 경우」, 중·고등학교 학습자들의 학업성취도는 자기주도학습이 학업성취도를 11.9% 의미 있게 설명한다. 그러나 감성지능, 학습동기 및 학습자 스트레스는 그들의 학업성취도를 의미 있게 설명하지 못하였다.

〈표 8-11〉 변인들과 학업성취도 간의 다중회귀분석(부모의 맞벌이 무)

종속변인	독립변인	R	R^2	R^2ch	F	p	Beta	t	p
학업성취도	자기주도학습	.345	.119	.119	30.332	.000	.306	5.507	.000
	감성지능	-	-	-	-	-	-	-	-
	학습동기	-	-	-	-	-	-	-	-
	학습자 스트레스	-	-	-	-	-	-	-	-

R^2의 값은 Stepwise 방법에 의한 p<.05에서 누적한 것임.

위의 분석결과를 통해, 본 연구에서 설정한 [가설 3-4] 『중·고등학교 학습자들 부모의 맞벌이 유·무 집단별 감성지능, 학습동기, 학습자 스트레스 및 자기주도학습은 학업성취도를 어느 정도 의미 있게 설명한다』는 부분적으로 긍정되었다.

05 | 결 론

본 연구의 연구결과와 논의를 바탕으로 결론을 제시하면 다음과 같다.

첫째, 학습자들의 성별, 감성지능과 학업성취도는 차이가 없으나 감성지능은 여학생이 남학생보다 다소 높으나 의미 있는 차이가 아니라는 것이다. 그리고 그들의 학습자 스트레스는 여학생이 남학생보다 학업성취도에 더 많은 부적영향력을 미치고 있다. 남학생보다 여학생이 비교적 감성이 풍부하고 정서적으로 예민하고 남학생은 여학생보다 객관적이다. 즉 스트레스 상황에서 여학생이 남학생보다 문제에 더 직접적으로 부딪혀서 해결하려는 적극적인 태도를 많이 보이며, 자신이 처한 어려움을 인정하고 자신 이외의 타인으로부터 도움을 얻고자 한다.

또한 학습자들의 '종교가 없는 집단'과 '종교가 있는 집단' 간에 학업성취도의 차이는 없다. 하지만, 종교가 없는 집단이 종교가 있는 집단보다 스트레스에 더 노출되어 있고 스트레스를 많이 받는 것이 현실이다. 다음으로 '부모가 맞벌이를 안 하는 집단'이 '맞벌이를 하는 집단'보다 학업성취도가 다소 높으며 유의미한 차이가 있다. 최근 시회의 급격한 변화와 더불어 핵가족화와 어머니들의 취업률 증가로 맞벌이 부부가 늘어가는 추세이다. 따라서 맞벌이를 하는 가정의 자녀들의 학업성취도 향상과 동기화를 위한 교수-학습 프로그램 개발이 후속연구로서 추후 검토가 필요하다.

둘째, 중・고등학교 학습자들의 감성지능, 학습동기 및 자기주도학습이 높을수록 그들의 학업성취도도 높다고 할 수 있다. 즉 학습자들의 감성지능, 학습동기 및 자기주도학습을 긍정적으로 개발시켜주면 그들의 학업성취도는 높을 것이며 향상될 것이다. 그러나 학습자들의 스트레스가 높을수록 그들의 학업성취도는 낮기 때문에 가능한 한 학습자들이 학습자 스트레스에 노출되지 않도록 가정이나 학교에서는 유념해야 할 것이다.

또한 학업성취도 향상을 위해서는 학습자가 학습자 자신과 주변 사람들과의 감성과 정서를 이해하고 적절히 조절하며, 적극적인 자세로 일상생활의 문제를 올바른 방법으로 해결할 줄 안다면 스트레스를 덜 받을 것이며 안정감을 갖고 긍정적인 태도로 문제를 해결할 수 있을 것이다. 그리고 학습자의 내재적 동기를 고려하여 학습자가 스스로 학습의 주체가 되어 학습의 과정을 선택, 통제, 조정할 수 있는 기회를 제공해 줄 때, 학습자는 점차 자기 주도능력을 지닌 능동적 학습자로 성장할 수 있게 되며 이러한 자기주도학습은 학업성취도에 긍정적인 영향을 미칠 것이다.

셋째, 감성지능은 행복한 삶을 사는 방법이자 개인의 생애를 통해 가장 중요한 사회적 적응 및 '정서적 웰빙'이라고 할 수 있다. 이러한 면에서 건강하고 책임감 있는 성공적인 학습자로서 발전을 위한 중요한 측면의 하나가 감성지능이다. 최근의 교육동향은 성공적인 학습자 특성에 초점이 모아지고 있다. 이상적인 학교는 학습자들이 시험을 위한 인생이 아닌 삶에서 오는 여러 도전, 즉 인생의 시험에 대처하는 정서에 관심을 두고 있다. 학습자들이 좋은 성취결과를 갖도록 하는 방법을 설정해야 하는 것이 학교교육의 과제이며 곧 교육심리학의 핵심이라 할 수 있다. 이러한 학업성취는 학습자뿐 아니라 학부모, 그리고 교육에 종사하는 모든 사람의 큰 관심사이기 때문이다.

중등학교 교육현장에서 학습자들이 과제를 선택하고 이해하거나 문제를 해결하기 위하여 능력을 활용하는 방법에는 분명히 차이가 있다. 이것은 같은 수업 시간에 같은 자료를 제공하여 학습하여도 학업성취도는 학습자마다 다르게 나오는 것을 알 수 있다. 따라서 학습자의 학업성취도에 미치는 여러 내재된 정의적 특성, 심리-운동적 특성을 찾아내고 이해한다면 교사나 학부모 및 교육관련 전문가들에게 학습자 개인차를 고려한 적절한 교수 방법을 개발 및 적용하는데 도움을 줄 수 있다.

최근의 세계적 교육동향은 학교가 중심이 되어 학습자들의 감성지능을 개발하기 위한 '사회적 정서적 학습 프로그램'을 활발하게 전개하고 있다. 학습자들의 감성지능 개발을 위한 이러한 각국의 추세에 비추어서, 향후 한국 중등교육 현장에서는 학습자들의 지닌 정서표현 능력, 정서이해 능력, 감정이입 능력, 정서대인관계형성 능력, 정서독립 능력, 정서융통 능력 및 정서조절 능력의 정도인 '감성지능'을 배려한 교육 프로그램을 운영하는 것이 학습자들의 감성지능을 긍정적으로 개발하고 학업성취도를 높이는 데 도움이 된다.

넷째, 학교수업 상황에서 효과적인 학교 학습을 할 수 있는 결정적 관련 변인인 학습동기는 학업성취도에 중요한 영향을 미친다고 볼 수 있다. 이처럼 학습동기가 높은 개인은 학업성취에 있어서도 성공적인 결과를 가져올 것으로 예측한다. 학습동기와 학업성취도 간의 관계에서 학습동기는 학업성취도 간의 정적 상관관계를 나타냈다. 이것은 학습동기 수준이 높은 학습자일수록 학업성취도가 높고, 학습동기가 낮은 학습자일수록 학습성취도가 낮다는 것을 의미한다. 학습자의 내재적 동기를 고려하여 학습자가 자신의 학습을 선택할 수 있는 기회를 제공해 줄 때 학습자는 내적 강화와 자신감, 능력감이 향상되며, 점차적으로 자기 주도능력, 능동적 학습자로 성장할 수 있게 된다.

현대사회는 '부모의 맞벌이'가 증가하는 추세이며 이에 따라 '부모의 맞벌이'로 인한 사회적, 교육적 문제가 대두되고 있다. 본 연구에서는 '부모가 맞벌이를 안 하는 집단'이 '부모가 맞벌이를 하는 집단'보다 학업성취도가 다소 높게 나타났다. 따라서 '부모가 맞벌이를 하는 집단' 자녀들의 학업성취도 향상과 동기화를 위한 교수-학습 프로그램 개발이 후속연구로서 절실히 필요하다. 반면 부모의 맞벌이에 대한 긍정적인 측면을 볼 때, '부모가 맞벌이를 하는 집단'이 '부모가 맞벌이를 안 하는 집단'보다 학습동기와 학업성취도 간의 상관이 매우 높았다. 이는 부모가 맞벌이를 함으로써 경제적 안정과 자녀의 사교육비에 대한 적극적인 지원과 다양한 교육경험의 기회를 제공할 수 있을 것으로 판단된다.

따라서 학교차원에서 수업과정 내에 "동기화" 향상 프로그램을 제작, 운영을 통해 스스로 배우려는 태도를 기르고, 보람과 만족을 느낄 수 있도록 지도해야 한다. 이를 통해 학습자는 '노력에 따라 성공할 수 있다'는 자신감을 갖게 되고 이것은 높은 동기유발 및 유지를 위해 매우 중요하다.

또한 '내재적 동기' 수준이 낮은 학습자들을 위해 학습에 대한 흥미와 관심을 불러일으킬 수 있는 전략을 수업계획에 포함시키는 것이 필요하다.

다섯째, 학습자 스트레스는 학교적응 문제와 학업성취도 간에 매우 의의있는 부적 상관관계이다. 가정환경, 학교환경 및 개인적 요인에서 오는 스트레스를 많이 받을수록 학업성취도는 낮고, 성적이 낮은 학습자가 성적이 중·상위권인 학습자에 비해 스트레스를 강하고 빈번하게 받는다. 그리고 소도시 학습자들이 학업성취도에 해이해지지 않도록 적당한 수준의 학습자 스트레스 정도와 이를 교육적으로 보완하기 위한 방안이 필요하다.

여섯째, 학습자들의 자기주도학습은 학습의 효과적인 측면에서 타인 주도 학습에 비해 학습자의 동기를 유발하고 자기능력 수준에 맞도록 학습 진도를 조절할 수 있어서 학업성취도에 효과적이라는 관점에서 그 중요성이 중시되고 있다. 학습자들의 자기주도적 학습능력은 학업성취도에 많은 영향력을 미칠 뿐만 아니라, 학습자들의 자기효능감과 학교에 대한 태도나 만족도와 같은 정의적 특성과도 밀접한 관련을 맺고 있다.

그리고 '부모가 맞벌이를 하는 집단'의 학습자들이 '맞벌이를 안 하는 집단'보다 상대적으로 자기주도학습능력이 낮으며, 남학생도 여학생보다 자기주도학습능력이 낮다. 따라서 중등학교 학습자들의 자기주도학습능력 개발을 위한 적극적인 프로그램 개발이 요구되어 진다.

'학습자가 주어진 상황에서 학습에 대한 주체성과 초인지를 갖고 성취지향성과 내재적 동기화로 과제를 해결하려는 노력의 정도'를 자기주도학습으로 볼 때, 학교 수업과정에서 자기주도학습능력 향상을 위한 교수-개발을 성안하여 '주체성', '성취지향성', '내재적 동기', '과제해결력' 증진 프로그램을 지도하고 활성화할 필요가 있다. 더불어, 중·고등학교 학습자들의 개인차를 고려한 학습자 중심의 실제적이고 다양한 교수-학습 프로그램 개발에 의의가 있을 것으로 기대된다.

참 고 문 헌

강진령(2005). APA 논문작성법 / Publication Manual. 서울: 양서원.

곽윤정(1997). 정서지능의 발달 경향과 구인 타당성에 관한 연구. 서울대학교 석사학위 논문.

구병두(1989). 학업성취관련과 변인에 대한 META 분석. 건국대학교 박사학위 논문.

금미라(1998). 기업체 근로자의 개인특성이 자기주도학습 준비도에 미치는 영향. 이화여자대학교 대학원 석사학위 논문.

김경근 (2000). 가족 내 사회적 자본과 아동의 학업성취. 교육사회학연구, 10(1), 21-40.

김경숙(2003). 아동의 정서지능과 스트레스 통제감 및 대처 행동과의 관계. 홍익대학교 대학원 박사학위 논문.

김기정(2004). 학습기술 활용도・학습동기 수준과 학업성취도와의 관계: 중・고・대의 학교급별 비교를 중심으로. 한국교원교육연구, 21(1), 199-222.

김동훈(2006). 자기조절능력, 스트레스, 감성지능이 학습동기화 유형에 미치는 영향. 관동대학교 대학원. 박사학위 논문.

김매희(1993). 성인과 청소년의 자기주도적 학습특성에 관한 비교연구. 서울여자대학교 대학원 박사학위 논문.

김미란(2005). 초등학생의 인지적・정의적 특성 및 학습지원 가정환경과 학업성취의 관계. 교육연구논총, 26(1), 67-97.

김성식(2006). 고등학교 학생의 학업성취 향상과 격차 변화에 대한 학교효과연구. 서울대학교 대학원 박사학위 논문.

김성일・윤미선(2004). 학업성취 및 성취동기 예측변인으로서의 사고양식 프로파일 교육심리연구, 18(1), 351-366.

김송은(2005). 공부 잘하고 싶으면 혼자서 공부해라, 한스미디어.

김수주(2002). 중・고등학생들의 학교 스트레스가 문제행동에 미치는 영향에 관한 연구. 연세대학교 대학원 석사학위 논문.

김숙령(1896). 어머니의 취업유무에 따른 자녀의 인성과 자아개념. 고려대학교 대학원 석사학위 논문.

김순혜(2006). 4주간의 공부혁명, 램덤하우스 중앙; 서울시교육청(2009), 중학교 자기주도학습 관련자료.

김아영(2003). 교실에서의 동기. 한국교육심리학회, **교육심리연구**, 17(1), 5-36.

김아영・박인영(2001). 학업적 자기효능감 척도개발 및 타당화 연구. **교육학연구**, **제39권**, 95-123.

김언주・구광현(1998). **신교육심리학**. 서울: 문음사.

김용래(1987). 학업성취에 대한 자아개념과 불안의 효과에 관한 이론적 분석. **홍대논총**, **제7집**, 149-173.

김용래(1993). 정의적 특성과 그 선행변인이 학업성적에 미치는 영향. 홍익대학교 교육연구소 **교육연구논총**, 9, 5-113.

김용래(1993). 학업성적에 대한 기여변인의 영향력 분석. 동국대학교 대학원 박사학위 논문.

김용래(1999). 정서지능의 개념과 그 교육적 활용의 한계성 분석. 홍익대학교 교육연구소 **교육연구논총**, 16, 3-24.

김용래(2000). 학교학습동기 척도(A)와 학교적응 척도(B)의 타당화 및 두 척도 변인 간의 관계분석. 홍익대학교 교육연구소, **교육연구논총 제17집**, 3-37.

김용래(2000a). **교육심리학**. 서울: 문음사.

김용래・김일태(1997). 자아개념과 예체능 학업성적 간의 관계분석. 홍익대학교 교**육연구논총**, **제14집**, 5-29.

김용래・김태은(2002). 자아개념과 정서지능의 관계. 홍익대학교 교육연구소, **교육연구논총 제19집**, 5-29.

김용래・김태은(2004). 학습자 스트레스, 학교적응(대처) 및 학업성적, 홍익대학교 교육연구소, **교육연구논총**, **제21집**, 5-31.

김용래・김태은(2005a). **교육심리학**. 서울: 형설출판사.

김용래・이혜원(1994). 귀인성향과 학습동기의 수준별 학업성취와의 관계. 홍익대학교 교육연구소, **교육연구논총**, 제10집, 5-37.
김용래·구성숙(1991). 학습자변인의 상호관계 탐색. 홍익대학교 교육연구소 **교육연구논총**, 제7집, 71-110.
김우영(2001). 자기주도학습이 학습자의 내적 동기, 자아개념에 따라 학업성취 및 문제해결력에 미치는 효과. 고려대학교 교육대학원 석사학위 논문.
김은영·박승호(2006). 자기조절학습의 구성요소로서 동기조절과 학업성취와의 관계. **교육학 연구**. 44(3). pp.101-130.
김일태(2000). 미술자아개념, 학업자아개념 및 상황불안이 미술학업성적에 미치는 영향. 홍익대학교 대학원 박사학위 논문.
김일혁(2006). 어머니의 직업유무가 자녀의 학업성취에 미치는 영향. **한국교육종단연구 학술대회논문집**-한국교육개발원, pp. 405-428.
김재근(2004). 자기효능감, 학교학습동기, 사회적 지지가 자기존중감에 미치는 영향 연구. 홍익대학교 대학원 박사학위 논문.
김종백 외(2006a). **교육심리학** / Robert E. Slavin 저. 서울: 시그마프레스.
김종백(1991). 자기조정적 학습자 동기가 학업성취에 미치는 영향. 고려대학교 대학원 석사학위 논문.
김주환·김은주·홍세희(2006). 한국 남녀 중학생 집단에서 자기결정성이 학업성취도에 주는 영향. **교육심리연구**, 20(1). 243-264.
김태은(2003). 정서지능과 관련 변인들의 인과 분석. 홍익대학교 대학원 박사학위 논문.
김혜경(2002). 동기요인이 포함된 자기주도학습 프로그램 개발 연구. 서울대학교 대학원 석사학위 논문.
김홍원(1997). 중등학교에서의 학업성취 수준별 반 편성 및 이동 수업의 가능성과 한계.「제7차 수준별 교육과정 현장적용 모형개발」서울: 한국교육개발원.
김희수(2003). 가정의 과정환경과 학업동기 및 학업성취도의 관계. 중앙대학교 대학원 박사학위 논문.
노성향·임선빈·조수연 공저(2001). 초등학생을 위한 정서지능: 정서지능 향상을 위한 50가지 활동, 양서원.
문병상(1998). 자기조절학습전략 훈련이 자기효능감과 수학 문장제 해결에 미치는 효과. 경북대학교 대학원 박사학위 논문.

문용린(1997). EQ가 높으면 성공이 보인다. 서울: 글이랑.

문용린(1998). 정서지능연구의 현재와 미래. 한국아동학회 추계 학술대회. pp. 3-16.

문은식 · 김충희(2003). 부모의 학습지원행동과 초중학생의 학업동기 및 학업성취도의 관계. 교육심리연구, 17, 271-288.

문은식 · 김충희(2004). 중학생의 정서지능과 학교 생활적응 행동의 관계. 교육심리학회지 초청 학술대회 자료집. pp. 51-56.

박도순(1999). 자기주도적 학습능력 신장을 위한 학교교육. 교육연구, 356, pp. 18-22.

박상범(2003). 초등학생의 창의성과 감성지능 및 학업성취도의 관계. 경북대학교 대학원 석사학위 논문.

박선미(2006). 우리나라 중학생의 학업성취 수준별 사회과 개념 구조 분석. 시민교육연구, 38(1), 71-95.

박승호(2003). 자기조절학습의 발달을 위한 동기적 요인의 역할. 교육심리연구, 9, pp. 55-70.

박정태 · 현정숙(1997). 아동의 자기주도적 학습능력에 영향을 미치는 관련변인 분석. 동아대학교 동아교육논총, 제23집, pp. 95-118.

박현정(2005). 자기주도적 학습태도 및 학습전략의 사용과 학업성취 간의 관계. 한국교육, 32(1), 203-222.

박혜령(1986). 어머니의 취업태도와 가정환경 요인과의 관계. 연세대학교 대학원 석사학위 논문.

봉미미(2006). 중학생의 부모, 교사, 학급풍토 및 교우관계에 대한 인식을 이용한 시험 스트레스, 학습동기, 자기조절학습전략 사용 및 학업성취도 예측 한국교육종단연구학술대회 논문자료집-한국교육개발원 pp.137-157.

서동식(2002). 정서지능과 자아개념 및 학교적응 간의 관계. 홍익대학교 대학원 석사학위 논문.

서울시교육청(2009). 고등학교 자기주도학습 장학자료.

서울시교육청(2009). 중학교 자기주도학습 장학자료.

서울시교육청(2009). 초등학교 자기주도학습 장학자료.

서정화(2005). 한국교육정책 50년사 데이터베이스 구축 연구: 연구동향분석. **한국교원교육연구**, 22(2), 181-198.

성현숙 · 김언주(2003). 자기조절학습의 발달을 위한 동기적 요인의 역할. **교육심리연구**, 17, 333-354.

손원혜(1996). 성취동기 및 스트레스대처양식과 학업성취도와의 관계. 이화여자대학교 대학원 석사학위 논문.

손종식(1994). 학년 및 성별에 따른 자기규제학습수준과 학업성취도 및 지능 간의 관계. 동아대학교 대학원 박사학위 논문.

송경호 · 허은정2010). 우리나라 고등학생의 '참된 성취'에 영향을 미치는 가정 및 학교요인 탐색, 한국고용패널 학술대회 논문집.

송인섭(2006). **자기주도학습**. 서울: 학지사.

송인섭 · 정미경(1999). 고등학생의 자기조절학습 모형의 구조 분석. **교육심리연구**. 13(3), 71-91.

신종호 외(2006a). **교육심리학**. 서울: 학지사.

신종호 · 이현주 · 김용남(2006). 사회심리적 환경이 자기조절학습행동을 매개로 학업성취에 미치는 영향. **한국교육종단연구 학술대회논문 자료집**-한국교육개발원. PP.361-383.

신희경(2006). 성적우수자의 시험불안과 자기주도적 학습태도에 관한 연구. **한국교육종단연구 학술대회논문자료집**-한국교육개발원, 105-135.

안도희(2003). 초등학생의 정의적 특성, 학습접근책 및 학업성취와의 관계 : 경로모형을 중심으로. **교육심리연구**, 18(4), 177-197.

안재영(2005). 미술학습태도, 정서지능 및 자아개념이 미술학업성취에 미치는 영향. 홍익대학교 대학원. 박사학위 논문.

양명희(2000). 자기조절학습의 모형 탐색과 타당화 연구. 서울대학교 대학원박사학위 논문.

양명희 · 황정규(2002). LISREL을 이용한 자기조절학습의 개념화 연구. **교육심리연구**, 16(2), 259-290.

양애경(2003). 아동의 정서지능과 부모의 양육태도 간의 관계. 홍익대학교 교육대학원 석사학위 논문.

양애경(2006). 부모의 맞벌이 유무와 유아-부모, 유아-교사 애착안정성 간의 관계. 아동교육 15(4). 197-212.

양애경(2007). 감성지능, 학습동기, 학습자스트레스 및 자기주도학습이 학업성취도에 미치는 영향. 홍익대학교 대학원 박사학위 논문.

양애경 · 박형근 · 정민아(2006). 감성지능 및 스트레스와 정신건강 간의 관계분석. 한국교육학회 2006년도 추계학술대회 논문자료집(pp.1121-1131).

양애경 · 박형근 · 정민아(2007). 정서지능 및 학습자 스트레스와 정신건강 간의 관계. 학교교육연구, 5(1), 101-120.

오숙영(1996). 인지지능과 감성지능의 교육적 효과비교. 고려대학교 대학원석사학위 논문.

우수경(2002). 유아의 정서능력과 관련변인 간의 구조 분석. 한국교원대학교 대학원 박사학위 논문.

위성미(2000). 고등학교 학습자의 자기 주도성과 공동 의존성 연구. 중앙대학교 대학원 석사학위 논문.

유효현(2005). 학업성취에 대한 관련변인의 예측력 분석. 홍익대학교 대학원 박사학위 논문.

윤미선 · 김성일(2004). 중 · 고생의 학업성취 결정요인으로서 사고양식, 학습동기, 교과흥미, 학습전략 간의 관계모형. 교육심리연구, 18(2), 161-180.

이 웅(1999). 중 · 고 학생들의 정의적 특성과 영어성적 간의 상관 분석 연구. 강원대학교 대학원 석사학위 논문.

이광현(2005). 2005 OECD 교육지표로 본 한국교육 현황. 교육마당 21, 통권 285, 64-66.

이광현(2005). 2005 OECD 교육지표로 본 한국교육, 교육개발, 통권 154, 100-106.

이보경(2004). 청소년의 정서지능 및 스트레스 대처유형이 우울 및 비행에 미치는 영향. 홍익대학교 대학원 박사학위 논문.

이숙정(2006). 중고생의 교사신뢰와 자아존중감, 학습동기, 학업성취 및 학급풍토 간의 관계모형검증, 교육심리연구, 20(1), 197-218.

이신동 · 이경화(2002). 초인지 독해 전략의 상보적 교수활동이 중학생 학습부진아의 독해력과 독해전이에 미치는 영향. 교육심리연구, 16(4), 397-422

이영자(1995). 스트레스, 사회적 지지, 자아존중감과 우울 및 불안과의 관계. 서울여자대학교 대학원 박사학위 논문.

이옥주(2003). 성격특성과 스트레스대처 양식이 학교적응에 미치는 영향. **한국심리학회; 사회 및 성격**, 17(3), 77-85.

이은영(2005). 중 · 고등학생의 정서지능과 학업성취도와의 관계. 원광대학교 대학원 석사학위 논문.

이인숙(1997). 부모-자녀 간의 의사소통과 자녀의 감성지능과의 관계. 이화여자대학교 대학원. 석사학위 논문.

이일수(2000). 고교생의 감성지능과 자아개념 및 학업성취의 관계 연구. 강원대학교 대학원 석사학위 논문.

이혜원(1993). 귀인성향과 학습동기 및 학업성적 간의 상보적 효과분석. 홍익대학교 대학원 석사학위 논문.

이혜원(2000). 자아개념, 학습태도, 교사기대지각이 학교학습동기에 및는 영향. 홍익대학교 대학원 박사학위 논문.

임규혁(1996). 학교 학습효과를 위한 **교육심리학**. 서울: 학지사.

임용우(1994). 시험스트레스과정에서의 불안, 대처 및 학업성취. **교육심리연구**, 18(4). 177-215.

임은미(1998). 학업동기 및 부모행동과 학업성취와의 관계. 서울대학교 대학원 박사학위 논문.

정미경(1999). 자기조절학습과 학업성취의 관계에 관한 구조 모형 검증. 숙명여자대학교 대학원 박사학위 논문.

정미경(2003). 중학생의 자기조절학습 검사개발. **교육학연구**, 41(4), 157-182.

정원주 · 윤종희(1997). 아동기 스트레스에 관한 문헌고찰. 동대논총, 239-260

정은영(2006). 우리나라 중학생들의 환경 영역 성취도 국제비교 분석. **한국과학교육**, 26(2), 200-211.

정종진(1995). 교실수업에서의 동기유발을 위한 방향. 대구교대논문집.

정해순(2006). 자아개념, 자기조절학습, 자기효능감 및 미술학습 성취동기와의 관계. 홍익대학교 박사학위 논문.

정현희(2002). 아동의 정서지능과 스트레스와의 관계. **대한가정학회지**, 40(7), 175-188.

정현희 · 최경순(2001). 아동의 자아통제능력과 스트레스와의 관계. **대한가정학회지**. 39(9), 175-188.

조미령(2002). 정서지능과 스트레스 수준 및 대처 방식과의 관계. 원광대학교 대학원. 석사학위 논문.

조민영(2005). 중 · 고등학생들의 학교 스트레스가 정신건강에 미치는 영향연구. 카톨릭대학교 대학원. 석사학위 논문.

조희숙 · 권미주(2002). 유아의 정서지능과 일상적 스트레스. **영유아보육연구**, 8, 69-78.

주동범(2006). 어머니의 직업유무와 자녀의 교육포부수준과의 관계. **교육사회연구**, 16(2), 141-161.

지용희(2004). 중학생의 정서지능, 스트레스 및 학업성적의 관계. 충북대학교 대학원 석사학위 논문.

최중숙(2006). 한국 청소년의 학업성취과정에 대한 종단분석: 사회적 지원, 자기효능감, 생활만족도를 중심으로. 서울대학교 대학원 박사학위 논문.

한국교육개발원(2005). **한국교육종단연구**. 서울: 한국교육개발원.

한국교육개발원 · 교육인적자원부(2006). **OECD 교육지표**. 서울: 학지사.

한순미(2004). 학습동기 변인들과 인지전략 및 학업성취 간의 관계. **교육심리연구**, 18(1), 329-350.

함병미(2004). 청소년이 지각한 학업성취 결정요인에 대한 종단연구: 인간관계와 심리행동특성을 중심으로. 인하대학교 대학원 박사학위 논문.

허남진(2004). 학습자 변인의 자기주도학습에 대한 예측력 분석. 홍익대학교 대학원 박사학위 논문.

현정숙(1998). 초등학교 아동의 자기주도학습력 향상을 위한 수업모형개발. 동아대학교 대학원 박사학위 논문.

홍성훈(2004). 청소년의 정의적 특성의 발달에 관한 연구－EQ · 자아존중감 · 도덕성 중심으로. **교육심리연구**, 18(2), 195-210.

홍영수(2005). 청소년의 생활스트레스가 자살행동에 미치는 영향 및 그에 대한 문제해결 능력의 완충효과. **한국아동복지학**, 20, 7-33.

황재기(1998). 청소년의 감성지능과 학업성취, 적응행동의 관계. 연세대학교 교육대학원. 석사학위 논문.

황정규(1990). 한국학생의 스트레스 측정과 형성, 서울대학교 사대논총 41, 25-66.

황정규 · 이돈희 · 김신일(2003). 교육학개론. 서울: 교육과학사.

황태호 역(1997a). Goleman저. 교육학개론. 서울: 교육과학사.

Ames, C., & Archer, J. (1988). Achievement goals in the classroom: Study learning strategies and motivation process. *Journal of Educational Psychology, 80*, 260-267.

Bar-On, D.(2001). Emotional intelligence and self-actualization. In J. C. Ciarrochi, J. P. Forgas, & J. D. Mayer(Eds.) *Emotional intelligence: in everyday life*. Philadelphia: Psychology Press.

Bar-On, R.(1997). The emotional quotient inventory(EQ-I): *A test of emotional intelligence*. Toronto: Multi-Health System.

Berk(1994). *Child development*. Allyin and Bacon.

Brookfield, S. D.(1985). *Self-directed learning: From theory to practice* (New direction for continuing education). 87-90, San Francisco, CA: Jossey-Bass.

Brophy, J. (1988). Research linking teacher behavior to student achievement: Potential implications for instruction of Chaper 1 student. *Educational Psychologist, 23*, 235-286.

Bruner(1997). Education and the brain: Abridge toofar. *Educational Researcher 126*(8), 4-16.

Butler, D. (1998). The strategic content learning approach to promoting self-regulated learning: A report of three studies. *Journal of Educational Psychology, 90*(4) 682-697.

Butler, R., & Nisan, M. (1986). Effects on feedback, task-related comments, and grade on intrinsic motivation and performance. *Journal of Educational Psychology, 78*, 210-216.

Caffarella, R. S., & O'Donnell, J. M. (1987). Self-directed adult learning : A critical paradigm revisisted. *Adult Education Quarterly, 37*, 199-234.

Candy, P. (1991). *Self-direction for lifelong learning : A comprehensive guid to theory and practice*. San Francisco, CA : Jossy-Bass.

Cox, T. (1991). *Stress (9th Ed.)*. London: MacMillan Education Ltd.

Deci, E. L., & Ryan, R. M.(1985). Intrinsic Motivation and self-determination in human behavior. New York : Plenum press.

Elias, M. J., Hunter, L., & Kress, J. S. (2001). Emotional intelligence and education. In J. Ciarrochi, P. Forgas, & J. D. Mayer(Eds.), *Emotional intelligence: in everyday life*(pp. 133-149). Philadelphia: Psychology Press.

Fogel, A. (1982). Emotional development. In H. E. Mitzel & Others (Eds), *The Encyclopedia of educational research(5th Ed.). Vol. 2*, New York: The MacMillan & Press.

Gardner, H. (1983). *Frames of mind*. New York: Basic Books.

Gardner, H., & Hatch, T. (1989). Multiple intelligence go to school. *Educational Researcher, 18*(8), 4-10.

Gibbs(1995). *The EQ Factor*. Time, Oct 2.

Goleman, D.(1995). *Emotional intelligence*, New York: Bantam Books.

Gottfried, A. E. (1990). Academic intrinsic motivation in young elementary school children. *Journal of Educational Psychology, 82*, 525-538.

Hensen, K. T., & Eller, B. F. (1999). *Educational Psychology for effective teaching*. New York: Wadsworth Publishing.

Hunter & Ellis. H. (1999). Fund dumentals of cognitive psychology*(6th Ed.)* New York : McGraw-Hill.

Knowles, J. G., & Cole, A. L.(1994). We're just like the beginning teachers we study: Letters and reflections on our first year as beginning professors. *Curriculum Inquiry, 24*, 27-52.

Knowles, M.(1975). *Self-direction learning : A guide for learners and teacher. NY: Association Press.*

Laura, T. L. (1998). *Emotional Intelligence implications for individual performance*. Texas Tech Uni. Dissertation.

Lazarus, R. S.(1966). *Psychological stress and coping process*. New York: McGraw-Hill.

Lazarus, R. S.(1999). *Stress and emotion: A new synthesis*. New York: Springer Publishing.

Lazarus, R. S., & Forkman, S. (1984). *Stress, appraisal, and coping*. New York: Springer-Verlag.

Long, H. B.(1992). Philosophical, psychological and practical justification or studying self-direction in learning., In H.B. Long & Associates, Self-Directed Learning. Application and Research. Norman: Oklahoma Research Center for Comtinuing Professional and Higher Education, chap. 2, 9-24.

Long, H. B., & Walsh, S. M(1993). Self-directed learning research in the community junior college: Description, conclusions and recommendation. *Community College Journal of Research and Practice, 17*(2), 153-166.

Marshall, H.(1992). Content Specificity of relations between academic achievement and academic self-concept. *Journal of Educational. psychological, 84*(1), 34-52.

Mayer, J. D. (2001). A field guide to emotional intelligence. In J. Ciarrochi, J. P. Forgas, & J. D. Mayer(Eds.), *Emotional intelligence in everyday life*(pp. 3-24). Philadelphia: psychological Press.

McCombs, B. L. (1989). Self-regulated learning and academic achievement: A phenomenological view. In B. J. Zimmerman & D. H. Schunk(Eds.). *Self-regulated learning and academic achievement: Theory, research, and practice*(pp. 51-82). New York: Springer-Verlag.

Moore, P. J. & Apptuthasamy L.(2003). High-achieving students: their motivational goals, self-regulation and achievement and relationships to their teachers' goals and strategy-based instruction. High Ability Studies, 14(1), 23-39.

Morris, C. G. (1985). *Psychology*. Englewood Cliffs, NJ : Prentice-Hall.

OECD(2003). Learning for life. Student approaches to earning. Results from PISA 2000.

OECD(2004). *Learning for Tomorrorld: First Results from PISA 2003*. p 240

Pintrich & Schunk(2002). *Motivation in education : Theory, research, and applications* (2nd ed.). Upper Saddle River, NJ : Prentice-Hall.

Pintrich, P. R, & De Groot, E. V. (1990). Motivational and self-regulated learning components of classroom academic performance. *Journal of Educational Psychology, 82*, 33-40.

Salovey, P. & Mayer, J. D.(1990). Emotional intelligence. Imagination, *Cognition, and Personality, 9*, 185-211.

Salovey, P. & Mayer, J. D.(1997). What is emotional intelligence? In P. Salovey & D. J. Slayter(Eds.). *Emotional development and emotional intelligence: Educational implications*(pp. 3~34). New York: Basic Books.

Schiefele, U., Krapp, A. & Winteler, A.(1992). Interest as predictor of academic achievement: A meta-analysis of research. In K. A. Renninger, S. Hidi and A. K.(Eds.) *The role of interest in learning and development*. Hillsdale, NJ: Erlbaum. 181-212.

Schunk, D. H., & Zimmerman, B. J. (1994). *Self-regulation of learning and performance*. Hillsdale, New Jersey: Lawrence Erlbaum Associates.

Selye, H. (1976). *The stress of life*. New York: McGraw-Hill.

Selye, H.(1985). *History and present status of the stress and coping: Anthology(2nd ed.)*. New York: Columbia Univ Press.

Slavin(1987). Ability grouping and student achievment in elementary school. *Review of Educational Research, 57*, 293-336.

Taylor, G. J. (2001). Low Emotional intelligence and mental illness. In J. C. Ciarrochi, P. Forgas, & J. D. Mayer(Eds.) *Emotional intelligence in everyday life*(pp. 67-81). Philadelphia: Psychology Press.

Tough, A. (1979). *The adult's learning projects : A fresh approach to theory and practice in adult learning*. Toronto : Ontario Institute for studies in education.

Vallerand, R., Pelletier, L., Deci, E., & Ryan, R. (1991). Motivation and education ; The self-determination perspective. *Educational Psychologist, 26*, 325-346.

Weiner, B. (1986). *An attribution theory of motivation and emotion*. New York: Springer-Verlag.

Woolfolk, A. E. (1998). *Educational psychology*. Boston : Allyn & Bacon.

Zimmermam, B. J. (1986). A social cognitive view of self-regulated academic learning *Journal of Educational Psychology, 81*, 329-339.

Zimmerman, B. J., & Schunk, D. H. (1989). *Self-regulated of learning and academic achievment : theory, research, and practice*. New York: Springer-Verlag.

부 록

학업성취도를 높이는

감성지능

학습동기

학습자스트레스

자기주도학습

부록 1 : 정서지능척도와 답안지

부록 2 : 학습동기 척도와 답안지

부록 3 : 학습자 스트레스 척도와 답안지

부록 4 : 자기주도학습 척도의 타당도(문항별 요인부하량)

부록 5 : 자기주도학습 척도와 답안지(저자 개발)

부록 01 | 정서지능척도와 답안지

정서지능척도

이 척도(검사)는 자신과 타인의 정서를 잘 이해하고 있으며, 자신의 정서를 잘 표현, 조절, 활용, 통제하고, 자신과 타인 간에 정서를 공감하며, 관계맺음을 잘하고, 타인의 정서로부터 자유로울 수 있는가를 알아보려는 여러 개의 문항으로 되어 있습니다. 각 문항이 제시하는 내용이 자신의 느낌과 생각에 비추어, "전혀 그렇지 않다"면 1을, "약간 그렇다"면 2를, "어느 정도 그렇다"면 3을, "대체로 그렇다"면 4를, "매우 그렇다"면 5를 「별도의 답지」에 기입해 주십시오.

이 척도(검사)의 각 문항의 답은 '맞고' '틀리는' 것이 없으며, 학업성적에도 반영되지 않습니다. 그러므로 자신의 정서에 관련된 다음의 각 문항에 솔직하고 성의 있게 답을 해주시기 바랍니다.

2007년 월 일 홍익대학교 양애경

1. 나는 부모님의 표정으로 부모님의 기분을 알 수 있다.
2. 나는 친구의 태도를 통해 그 친구의 기분을 파악할 수 있다.
3. 나는 형제의 행동으로 그의 기분이 어떠한가를 알 수 있다.
4. 나는 친구의 말투로 친구가 질투심을 느끼는지를 파악할 수 있다.
5. 나는 형제의 씩씩한 표정에서 자신감을 읽어낼 수 있다.
6. 나는 친구의 표정으로 그 친구가 원하는 것이 무엇인지를 알 수 있다.
7. 나는 친구가 자기능력에 만족해하면 나도 기분이 좋아짐을 알 수 있다.
8. 나는 나의 그릇된 말과 행동이 부모님께 죄스러운 것임을 알 수 있다.
9. 나는 부모님이 나를 더 예뻐하면 형제들이 질투하는 것을 알 수 있다.
10. 나는 선생님께서 나를 반겨주시면 즐거워지는 내 기분을 알 수 있다.
11. 나는 형제들을 자랑스러워하는 내 마음을 그들에게 드러낼 수 있다.

12. 나는 어떤 일을 할 때 희망적이고 긍정적인 마음을 표현할 수 있다.
13. 나는 부모님을 사랑하는 마음을 부모님께 표현할 수 있다.
14. 나는 감사한 마음을 주변 사람들에게 드러낼 수 있다.
15. 나는 동생이 괴로워할 때 위로해 줄 수 있다.
16. 나는 부모님이 슬퍼하시면 위로해 드릴 수 있다.
17. 나는 형제들이 희망적이며 긍정적인 기분을 갖도록 도와줄 수 있다.
18. 나는 누구에게나 즐거운 마음을 나타낼 수 있다.
19. 친구가 힘들어하면 나도 마음이 무거워짐을 느낄 수 있다.
20. 나는 부모님이 슬퍼하실 때 나도 따라 슬퍼지는 것을 느낀다.

21. 나는 주위사람들이 즐거워하면 나도 즐거워진다.
22. 나는 부모님께 항상 감사하는 마음을 느낄 수 있다.
23. 나는 친구가 화를 내는 일에 대해 나 또한 속상함을 느낄 수 있다.
24. 나는 친구가 좋아하고 있다는 것을 그에게 표현할 수 있다.
25. 나는 친구가 고마워하는 사람에 대해서는 나도 고마움을 느낄 수 있다.
26. 나는 친구가 우울해할 때 위로해 줄 수 있다.
27. 나는 친구들의 좋은 일에 즐거운 마음으로 함께 어울릴 수 있다.
28. 나는 친구가 자신감을 갖도록 용기를 북돋아 주는 말을 할 수 있다.
29. 나는 소중한 친구에게는 정성을 다할 수 있다.
30. 나는 일상생활에 감사함을 느낄 수 있다.

31. 나는 우울해하는 친구의 기분에 휩쓸리지 않을 수 있다.
32. 나는 친구가 화가 나 있을 때 덩달아 화를 내지 않을 수 있다.
33. 나는 친구의 상승된 기분에 지나치게 휘말리지 않을 수 있다.
34. 나는 좋아하는 감정에 빠져 그릇된 판단을 하지 않을 수 있다.

35. 나는 나를 시기하는 친구와도 정답게 어울릴 수 있다.
36. 나는 나에게 쌀쌀맞은 친구에게도 친절하게 대해줄 수 있다.
37. 나는 선생님의 꾸중을 들어도 긍정적으로 받아들일 수 있다.
38. 나는 나를 욕하는 말에도 기분을 좋게 바꾸려고 노력할 수 있다.
39. 나는 미워하는 친구가 있어도 그 친구를 좋아할 수 있다.
40. 나는 부모님의 꾸중을 들어도 마음속으로 감사함을 느낄 수 있다.

41. 나는 형제들의 좋은 일에 대해 내 일처럼 행복한 기분을 느낄 수 있다.
42. 나는 친구보다 뒤처져 속상해도 희망을 가질 수 있다.
43. 나는 부모님이 형제들을 더 예뻐하더라도 사이좋게 지낼 수 있다.
44. 나는 이웃이 곤란한 상황에 있으면 마음이 아픔을 느낄 수 있다.
45. 나는 친구의 기쁨에 지나치게 샘을 내지 않을 수 있다.
46. 나는 시험을 망쳐서 우울해도 희망을 가질 수 있다.
47. 나는 슬픈 일이 있더라도 즐거운 기분으로 바꿀 수 있다.
48. 나는 우울한 기분에 빠지지 않을 수 있다.
49. 나는 창피스러운 기분을 오랫동안 느끼지 않을 수 있다.
50. 나는 시험결과에 대해 오랫동안 실망하지 않을 수 있다.

51. 나는 화가 나도 잘 참을 수 있다.
52. 나는 미운 친구에게도 마음을 열 수 있다.
53. 나는 항상 행복한 기분을 오래 간직할 수 있다.
54. 나는 늘 즐거운 감정을 유지할 수 있다.

수고하셨습니다.

부록 02 | 학습동기 척도와 답안지

학습동기 척도

(인사말)

이 척도는 학습자가 학교 학습을 함에 있어서 어떤 마음자세와 의욕을 지니고 있는가를 알아보려는 문항으로 구성되어 있습니다. 각 문항에 대해서 자신이 지니고 있는 생각과 의욕의 정도가 "조금도 그렇지 않다"면 1을, "조금 그렇다"면 2를, "대체로 그렇다"면 3을, "상당히 그렇다"면 4를, "매우 그렇다"면 5를『별도의 답지』에 기입해 주십시오.

이 척도에 있는 각 문항의 답은 맞고 틀리는 것이 없으며, 학교의 성적에도 반영되지 않습니다. 그러므로 솔직하고 성의 있게 답해 주시기 바랍니다.

2007년　　월 홍익대학교 양애경

1. 나는 수업내용을 그 시간에 이해하기 위해서 선생님의 설명을 열심히 들으려고 한다.
2. 나는 숙제가 부담이 되지만 수업내용을 잘 이해하기 위해서 충실하게 작성하려고 한다.
3. 나는 좋은 성적을 얻기 위해서 열심히 공부하고자 한다.
4. 나는 어떤 교과목이든 높은 점수를 위해 열심히 공부하려고 한다.
5. 나는 어떤 일이 있더라도 일정량의 복습은 반드시 끝내려고 한다.
6. 나는 나쁜 점수를 받은 교과목이라도 포기하지 않고 좋은 성적을 얻기 위해 열심히 노력한다.
7. 나는 좋은 성적을 받아 주위사람들에게 칭찬을 듣기 위해 예습・복습을 열심히 한다.
8. 나는 좋은 성적을 위해 정신을 집중해서 교과내용을 읽고 이해하고자

한다.

9. 나는 교과목마다 그 학습단원의 목표를 잘 이해하고 공부하려고 한다.
10. 나는 좋은 점수를 받기 위해 내 스스로가 계획한 시간으로 열심히 공부하려고 한다.

11. 나는 수업 시간에 배운 내용 중 잘 모르는 내용은 누구에게 물어서라도 이해하려고 한다.
12. 나는 수업 시간에 시험 볼 시간이 발표되면 보통 때보다 더 열심히 공부할 계획을 세운다.
13. 나는 수업 시간에 배운 내용을 복습할 때 매 쪽마다 이해한 후에 기억하려고 한다.
14. 나는 피곤하더라도 그날 배운 교과내용을 이해하기 위해서 복습을 반드시 하려고 한다.
15. 나는 수업내용이 그 시간에 이해되었더라도 집에 가서 다시 공부하려고 한다.
16. 나는 학교에서 배운 교과내용을 정신을 차려 차분하게 읽고·이해하려고 한다.
17. 나는 학교 밖에서도 수업내용과 관련 있는 사항들을 항상 관심을 두고 살피려고 한다.
18. 나는 언제나 먼저 학습한 내용을 이해한 후, 다음 배울 교과내용을 예습하려고 한다.
19. 나는 수업한 내용을 완전히 이해하면 즐겁고 더욱 공부하고자 하는 의욕이 생긴다.
20. 나는 수업내용을 보다 잘 이해하기 위해서 학교 밖 여러 사람들과 계속해서 의논하려고 한다.

21. 나는 좋은 성적을 얻는 것이 장래에 도움이 되기에 모든 교과목을 열심히 공부하고자 한다.
22. 나는 교과목의 내용을 보다 효과 있게 공부하는 방법에 대해서 항상 관심을 가지고 있다.
23. 나는 수업내용과 관련 있는 TV프로 · 신문기사 · 인터넷 · 잡지 등의 내용을 살펴보고자 노력한다.
24. 나는 학교에서 배운 내용을 잘 이해하고 기억하기 위해서 예습 · 복습을 꼭 하려고 한다.
25. 나는 어떤 수업 시간이든 새로운 정보와 지식을 이해하기 위해서 관심을 가지고 참여한다.

수고하셨습니다. 감사합니다.

부록 03 | 학습자 스트레스 척도

학습자 스트레스 척도

이 척도는 학습자가 자신이 가정·학교·사회 내에서 경험하고 느끼고 있는 각종 스트레스가 어떠한가를 알고자 하는 여러 개의 문항으로 되어 있습니다. 각 문항의 내용마다 학습자 자신이 현재 맞이하고 있는 스트레스 정도가 "전혀 그렇지 않다"면 1을, "가끔 그렇다"면 2를, "대체로 그렇다"면 3을, "상당히 그렇다"면 4를, 그리고 "항상 그렇다"면 5를 『별도의 답지』에 기입해 주십시오.

이 척도에 있는 각 문항의 답은 맞고 틀리는 것이 없으며, 학교의 성적에도 반영되지 않습니다. 그러므로 솔직하고 성의 있게 답해 주시기 바랍니다.

2007년 월 홍익대학교 양애경

1. 가족들 간에 애정이 없는 것 같아 불안하다.
2. 가족들 간에 늘 화목하지 못해 매우 불안하다.
3. 집에 강도나 도둑이 침입하지 않을까 걱정이다.
4. 시험 전-후에는 성적이 어떻게 나올지 초조하다.
5. 집안형편 때문에 원하는 것을 갖지 못해 불만이다.
6. 시험성적이 친구들에게 뒤처질까 항상 걱정이다.
7. 시험성적을 반 친구들과 비교하는 것이 두렵다.
8. 주변 청소년들의 비행행동이 두렵다.
9. 주변 청소년들의 잦은 탈선행위가 두렵다.
10. 교통사고가 많아서 돌아다니기가 매우 불안하다.
11. 주변의 폭력, 강도 성범죄로 돌아다니기가 겁난다.
12. 가족 간에 사랑이 없는 것 같아 삶이 무의미하다.
13. 수업 시간에 친구에게 질문하는 것이 조바심이 난다.

14. 부모님은 사소한 잘못에도 꾸중하셔서 실망이다.
15. 부모님의 무관심으로 나의 생활은 무의미하다.
16. 수업 시간은 나에게 별 의미가 없는 것 같다.
17. 수업 시간에도 성적만 생각하면 실망스럽다.
18. 공부를 열심히 해도 성적이 좋지 않아 실망스럽다.
19. 주변 사람들의 자기중심적인 생각이 실망스럽다.
20. '돈이면 된다'는 주변 사람들의 생각이 실망스럽다.
21. 주변 사람들의 그릇된 행동이 매우 실망스럽다.
22. 내 태도로 가족들이 화를 낼까 봐 주저한다.
23. 부모님의 간섭 때문에 행동하는 데 갈등이 심하다.
24. 부모님의 간섭이 많아 행동하는 데 자신이 없다.
25. 수업 시간에 선생님께서 질문하시면 당황한다.
26. 수업 시간에 선생님과의 대화는 긴장된다.
27. 수업을 받아야 하나 말아야 하나 항상 망설인다.
28. 시험성적을 부모님께 알려 드려야 할지 고민이다.
29. 주변 어른들의 시선 때문에 행동을 어색하게 한다.
30. 경쟁사회에서 어떤 직업을 택할까 갈등이다.
31. 상급학교에 꼭 진학하는 것이 옳은지 갈등이다.
32. 내가 하는 일에 대한 가족들의 참견이 늘 부담스럽다.
33. 가족들이 내 교우관계에 신경을 써서 부담스럽다.
34. 가족들이 내 능력을 인정하지 않아 마음이 무겁다.
35. 부모님이 나를 믿지 않아 행동이 부자유스럽다.
36. 수업 시간에 선생님의 '성적'강조는 부담이 된다.
37. 시험성적과 공부만을 강요하는 것이 부담스럽다.
38. 부모님이 능력 이상의 시험성적을 기대하셔서 부담된다.

39. 시험시간에는 언제나 가슴이 답답함을 느낀다.
40. 주변 환경은 공해가 심해 숨쉬기가 답답하다.
41. 주변에서 학력과 학벌을 내세우는 것이 부담이다.
42. 주변에 불신풍조가 짙은 것 같아 마음이 무겁다.
43. 자유로운 휴식공간이 적어 활동이 움츠러든다.

수고하셨습니다.

부록 04 | 자기주도학습 척도의 타당도(문항별 요인부하량)

문항번호	초인지 (주체성)	과제해결력	성취지향성	내재적 동기 (동기화)	h^2
X6	**.80402**	.03805	.06263	-.00407	.651
X4	**.75735**	.11541	.20709	.01919	.630
X5	**.64928**	.22765	.22216	.07350	.528
X1	**.59378**	.33571	.17407	.21796	.543
X3	**.56148**	.09968	.14557	.30396	.438
X2	**.54733**	.01748	.14144	.40722	.485
X17	**.53458**	.45179	.17395	.15471	.544
X7	**.50673**	.32195	.18600	.19487	.432
X13	.02420	**.86111**	.17765	.17013	.802
X27	.02579	**.85949**	.14328	.15291	.783
X12	.25523	**.61908**	.25777	-.03581	.516
X11	.28653	**.57512**	.23365	.19208	.504
X18	.23481	**.54661**	.13700	.34388	.491
X10	.34390	**.54615**	.13316	.23093	.487
X20	.15678	**.51821**	.05994	.43999	.490
X8	.30189	**.46031**	.03170	.22809	.438
X19	.28397	**.46191**	.14659	.38242	.461
X23	.09798	.31764	**.70447**	.05969	.610
X24	.15904	.30823	**.69263**	.08662	.607
X21	.23497	-.10971	**.60911**	.06985	.443
X22	.22035	.07415	**.59909**	.17673	.444
X31	.05674	.47439	**.59621**	.24368	.643
X14	.05792	.50834	**.59416**	.22307	.665
X25	.37898	.18286	**.54354**	.24485	.532
X16	.32833	.39304	**.45169**	.00435	.466
X32	.12537	.04009	.23023	**.79509**	.702
X30	.11766	.08761	.25735	**.78978**	.711
X26	.20814	.34809	-.11309	**.68973**	.653
X29	.23997	.34032	-.10991	**.68344**	.653
X9	-.00367	.28102	.24043	**.50317**	.391
X15	.03254	.13624	.32584	**.49012**	.460
X28	.23740	.34966	.24463	**.41485**	.411

부록 05 | 자기주도학습 척도와 답안지

자기주도학습 척도

이 척도(검사)는 학습자가 학교 학습 상황에서 주어진 학습과제에 호기심과 학습에 대한 열정 및 자신감을 갖고 학습방법을 계획·실행하고 문제에 접근하며 학습에 대한 책임감을 갖고 탐구적으로 문제를 해결하는가를 알아보려는 문항으로 구성되어 있습니다. 각 문항에 대해서 자신이 지니고 있는 생각과 의욕의 정도가 "조금도 그렇지 않다"면 1에, "조금 그렇다"면 2에, "대체로 그렇다"면 3에, "상당히 그렇다" 면 4에, "매우 그렇다"면 5에 O표를 해 주십시오.

이 척도에 있는 각 문항의 답은 맞고 틀리는 것이 없으며, 학교의 성적에도 반영되지 않습니다. 그러므로 솔직하고 성의 있게 답해 주시기 바랍니다.

2006년 월 일 홍익대학교 양 애 경

1. 나는 학교 학습에 대해 자신감을 갖고 있다.
2. 나는 흥미 있는 관심 분야에 대해 정보를 찾고 분석할 수 있다.
3. 나는 새로운 것을 접하면 그냥 지나치지 않는다.
4. 나는 학습을 할 때 정신집중을 잘한다.
5. 나는 학습결과를 생각하며 행동하는 편이다.
6. 나는 학습시간을 계획하고 시간을 정하여 관리하는 편이다.
7. 나는 시작한 일은 힘들어도 포기하지 않고 끝까지 마무리한다.
8. 나는 주어진 시간 안에 문제를 해결할 수 있다.
9. 나는 창의적인 것에 관심을 갖고 배우려 한다.
10. 나는 학교 밖에서도 새로운 정보와 지식을 얻는데 관심이 많다.
11. 나는 모르는 것이 있거나 호기심이 생기면 시간이 걸려도 꼭 알고 넘어간다.

12. 나는 다른 활동보다 과제를 우선적으로 끝낸다.
13. 나는 학교에서 배운 내용을 집에서 다시 복습하고 예습을 한다.
14. 나는 학습 시 "왜?, 어떻게?" 등의 지적 호기심을 갖고 있다.
15. 나는 어떤 일을 할 때 스스로 계획하고 점검 및 평가를 한다.
16. 나는 나에게 필요한 정보는 열심히 찾아본다.
17. 나는 맡은 일을 잘할 수 있다.
18. 나는 학습 내용에 대해 궁금한 것이 많고 스스로 생각을 많이 한다.
19. 나는 하나의 문제해결에 있어 여러 가지 다양한 방법으로 접근한다.
20. 나는 다른 사람이 생각하지 못한 방법으로 문제해결을 한다.
21. 내가 열심히 공부한다면 앞으로 성공할 것이라고 확신한다.
22. 나는 목표를 세우고 노력하면 꼭 성취될 것을 확신한다.
23. 나는 하던 일을 끝마쳤을 때 성취감을 느낀다.
24. 나는 잘 모르던 것을 알았을 때 성취감을 느낀다.
25. 나는 언제, 무엇을, 어떻게 공부할지 스스로 결정권을 갖고 있다.
26. 나는 열심히 배우고 싶고 보람을 느낀다.
27. 나는 학교에서 공부하는 과목에 흥미가 많다.
28. 나는 질문을 통해 궁금한 것을 해결한다.
29. 나는 배우는 것이 즐겁고 재미있다.
30. 나는 학습 시 준비물에 제시된 것 외에도 다른 정보들을 다양하게 준비한다.
31. 나는 학교 학습에 흥미와 호기심을 갖고 있다.
32. 나는 여러 가지 답이 나올 수 있는 문제를 좋아한다.

수고하셨습니다.

자기주도학습 척도의 답안지

각 문항에 답하시기 전에 다음 각 항을 기입(또는 O표)해 주십시오.

1. 이 름 : ( )
2. 성 별 : 남( ), 여( )
3. 학 교 명 : ( ), 제 ( )학년, ( )반, ( )번

번호	답	번호	답	번호	답	번호	답
1		11		21		31	
2		12		22		32	
3		13		23			
4		14		24			
5		15		25			
6		16		26			
7		17		27			
8		18		28			
9		19		29			
10		20		30			

저자약력

양애경

현, 한국교육개발원 연구위원
홍익대학교 사범대학 외래교수
한세대학교, 숭의여대 출강
홍익대학교 사범대학교 대학원
교육학과 석·박사 졸업 (교육학박사)

[저서 및 연구논문 외]
- 창의성과 감성교육을 위한 ART 교육프로그램 / 어린이아뜨리에(공저)
- 21C 원경영과 리더십(월간유아 연재)
- 감성지능과 학습동기, 학습자스트레스 및 자기주도학습이 학업성취에 미치는 영향
- 청소년이 지각한 생활 스트레스가 우울에 미치는 영향 외 다수
- 방과후학교 성과분석 연구/ 방과후학교 중앙컨설팅 운영결과 연구 / 부모교육컨설팅 자료개발 외 다수
- 2009 일반대학 교직과정 평가 종합보고서
- 2주기 교직과정 평가위원(교육과학기술부) 활동
- 시도교육청 정책자문위원 및 방과후학교 중앙컨설팅위원 활동
- 시도교육청 교원 연수 강연(특강) 다수

저 자
인 지

감·동·학·습 플랜

2010년 10월 30일 초판 1쇄 발행
2013년 08월 20일 초판 3쇄 발행

저 자 / 양 애 경
발행인 / 이 중 수
발행처 / 동 문 사
서울특별시 서대문구 홍제동 137-8
Tel : (02) 736-3718(대), 736-3710, 3720
Fax : (02) 736-3719
등록번호 : 제9-17호

가격 : 13,000원

ISBN : 978-89-8251-453-1(93370)
E-mail : dong736@naver.com
www.dongmunsa.com